Ivan Koesjnir

Economie van Puerto Rico

Serie "Economie in landen"

eerst gepubliceerd: 2021
laatst bijgewerkt: 2021-02-02

Ivan Koesjnir. Economie van Puerto Rico. Serie "Economie in landen". - 2021. - 68 pages.

Dit boek over de economie van Puerto Rico van de jaren 1970 tot de jaren 2010. Brongegevens uit UN Data.

Grootte. In de jaren 2010 was het bruto binnenlands product van Puerto Rico gelijk aan US$102,2 miljard per jaar; de waarde van de landbouw was US$812,0 miljoen; de waarde van de industrie was US$50,2 miljard. Aangezien het aandeel in de wereld tussen 0,1% en 1% ligt, wordt het land geclassificeerd als een gemiddelde economie.

Productiviteit. In de jaren 2010 bedroeg het bruto binnenlands product per hoofd van de bevolking $30.576,4, de waarde van de landbouw per hoofd $242,9, de waarde van de industrie per hoofd $15.022,9. Omdat de productiviteit tussen het gemiddelde en het gemiddelde boven het gemiddelde ligt, wordt de economie geclassificeerd als ontwikkeld.

Groei. In de jaren 2010 bedroeg de groei van het bruto binnenlands product -1,1%; de groei van de landbouw was 0,36%; de groei van de industrie was -0,71%.

Structuur. In de jaren 2010 omvatte de economie van Puerto Rico: industrie (49,3%), diensten (35,8%), handel (9,6%), vervoer (3,4%), bouw (1,1%) en landbouw (0,80%).

Uitvoer en invoer. In de jaren 2010 was de uitvoer 35,8% hoger dan de invoer, de netto-uitvoer was gelijk aan 19,6% van het BBP.

Consumptie en reproductie. De houding van reproductie ten opzichte van de consumptie is niet beter dan het mondiale gemiddelde, dus het aandeel van het BBP in de wereld zal niet toenemen.

Serie "Economie in landen": parallel.page.link/nl

ISBN: 9798701954463

Inhoud

Part I. Grootte

	de jaren 2010
BBP	US$102,2 miljard
Het aandeel in de wereld	0,13%
Het aandeel in Amerika	0,40%
Het aandeel in de Caraïben	30,0%

Hoofdstuk I. Bruto binnenlands product

Het BBP van Puerto Rico steeg van US$8,4 miljard per jaar in de jaren 1970 tot US$102,2 miljard per jaar in de jaren 2010, dat wil zeggen met US$93,8 miljard of 12,2 keer. De verandering vond plaats op US$80,7 miljard als gevolg van een 4,7-voudige stijging van de prijzen, en ook op US$11,6 miljard als gevolg van een 2,2-voudige toename van de productiviteit , evenals op US$1,5 miljard als gevolg van de toename van de bevolking. De gemiddelde jaarlijkse groei van het BBP is 2,2%. De minimumwaarde van het BBP bedroeg US$5,1 miljard in 1970. De maximumwaarde van het bruto binnenlands product bedroeg US$105,0 miljard in 2019.

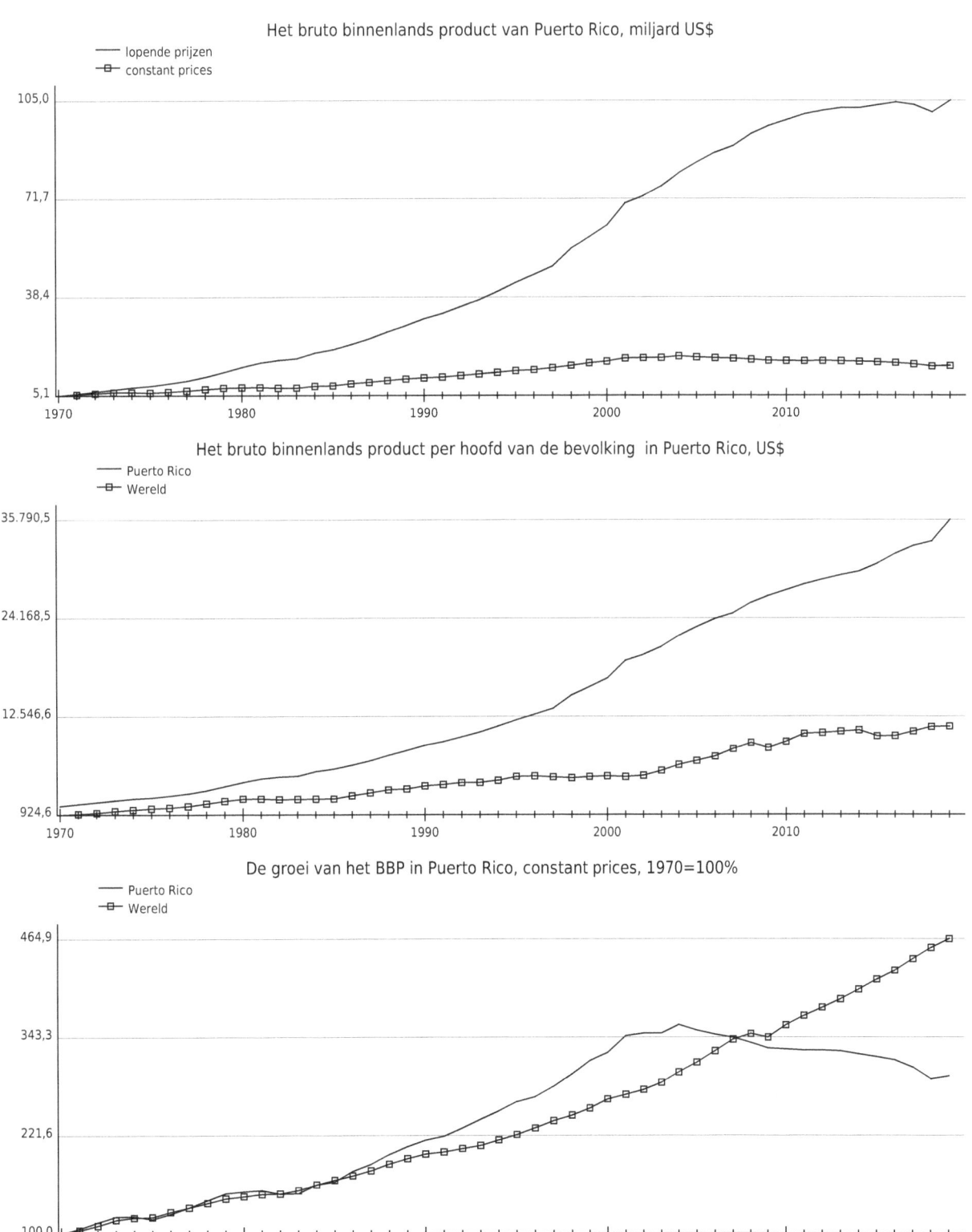

de jaren 1970

Het BBP van Puerto Rico bedroeg in de jaren 1970 US$8,4 miljard per jaar, stond op de 60e plaats in de wereld. Het aandeel in de wereld was 0,13%, en 0,37% in Amerika.

Het BBP van Puerto Rico bestond uit: huishoudelijke uitgaven (78,4%), kapitaalvorming (21,8%) en overheidsuitgaven (16,9%).

Het bruto binnenlands product per hoofd in Puerto Rico was $2.965,2 in de jaren 1970s, stond op de 44e plaats in de wereld, en was vergelijkbaar met Spanje (US$3,0 duizend), Ierland (US$3,0 duizend). Het bruto binnenlands product per hoofd in Puerto Rico was 82,9% hoger dan het bruto binnenlands product per hoofd van de bevolking in de wereld ($1.620,8), en was 26,7% lager dan het bruto binnenlands product per hoofd van de bevolking in Amerika ($1.620,8).

De groei van het BBP in Puerto Rico bedroeg 4.6% in de jaren 1970, stond op de 87e plaats in de wereld, en was vergelijkbaar met Afrika (4,5%), de Caraïben (4,6%), Congo-Brazzaville (4,6%). De groei van het BBP in Puerto Rico (4,6%) was groter dan de groei van het bruto binnenlands product in de wereld (4,1%), was groter dan de groei van het bruto binnenlands product in Amerika (4,1%).

Vergelijking met buren. Het bruto binnenlands product van Puerto Rico was groter dan in de Dominicaanse Republiek (US$4,1 miljard), in de Britse Maagdeneilanden (US$15,4 miljoen) en in Anguilla (US$6,9 miljoen). Het BBP per hoofd in Puerto Rico was groter dan in de Britse Maagdeneilanden (US$1.457,0), in Anguilla (US$969,1) en in de Dominicaanse Republiek (US$807,3). De groei van het BBP in Puerto Rico was groter dan in Anguilla (3,8%) en in de Britse Maagdeneilanden (3,2%); maar minder dan in de Dominicaanse Republiek (7,0%).

Vergelijking met leiders. Het BBP van Puerto Rico was minder dan in de Verenigde Staten (US$1,7 biljoen), in de Sovjet-Unie (US$649,4 miljard), in Japan (US$558,0 miljard), in Duitsland (US$484,2 miljard) en in Frankrijk (US$333,2 miljard). Het bruto binnenlands product per hoofd in Puerto Rico was groter dan in de Sovjet-Unie (US$2,6 duizend); maar minder dan in de Verenigde Staten (US$7,8 duizend), in Frankrijk (US$6,2 duizend), in Duitsland (US$6,1 duizend) en in Japan (US$5,0 duizend). De groei van het BBP in Puerto Rico was groter dan in Frankrijk (3,9%), in de Verenigde Staten (3,5%) en in Duitsland (3,1%); maar minder dan in de Sovjet-Unie (4,8%) en in Japan (4,6%).

de jaren 1980

Het bruto binnenlands product van Puerto Rico bedroeg in de jaren 1980 US$20,7 miljard per jaar, stond op de 56e plaats in de wereld. Het aandeel in de wereld was 0,14%, en 0,38% in Amerika.

Het bruto binnenlands product van Puerto Rico bestond uit: huishoudelijke uitgaven (72,4%), overheidsuitgaven (14,6%) en kapitaalvorming (13,4%).

Het BBP per hoofd in Puerto Rico was $6.386,8 in de jaren 1980s, stond op de 43e plaats in de wereld, en was vergelijkbaar met Spanje (US$6,5 duizend). Het bruto binnenlands product per hoofd in Puerto Rico was in 2,0 keer hoger dan het bruto binnenlands product per hoofd van de bevolking in de wereld ($3.123,4), en was 21,8% lager dan het bruto binnenlands product per hoofd van de bevolking in Amerika ($3.123,4).

De groei van het BBP in Puerto Rico bedroeg 3.3% in de jaren 1980, stond op de 72e plaats in de wereld, en was vergelijkbaar met Portugal (3,3%), Oost-Europa (3,3%), Chili (3,3%). De groei van het bruto binnenlands product in Puerto Rico (3,3%) was groter dan de groei van het BBP in de wereld (3,0%), was groter dan de groei van het BBP in Amerika (2,8%).

Vergelijking met buren. Het bruto binnenlands product van Puerto Rico was groter dan in de Dominicaanse Republiek (US$8,4 miljard), in de Britse Maagdeneilanden (US$55,0 miljoen) en in Anguilla (US$31,1 miljoen). Het bruto binnenlands product per hoofd in Puerto Rico was groter dan in Anguilla (US$4,1 duizend), in de Britse Maagdeneilanden (US$4,0 duizend) en in de Dominicaanse Republiek (US$1.313,6). De groei van het BBP in Puerto Rico was minder dan in Anguilla (7,1%), in de Britse Maagdeneilanden (6,7%) en in de Dominicaanse Republiek (3,7%).

Vergelijking met leiders. Het BBP van Puerto Rico was minder dan in de Verenigde Staten (US$4,2 biljoen), in Japan (US$1,8 biljoen), in Duitsland (US$990,0 miljard), in de Sovjet-Unie (US$887,0 miljard) en in Frankrijk (US$729,5 miljard). Het bruto binnenlands product per hoofd in Puerto Rico was groter dan in de Sovjet-Unie (US$3,2 duizend); maar minder dan in de Verenigde Staten (US$17,4 duizend), in Japan (US$15,0 duizend), in Frankrijk (US$12,9 duizend) en in Duitsland (US$12,7 duizend). De groei van het bruto binnenlands product in Puerto Rico was groter dan in de Verenigde Staten (3,1%), in Frankrijk (2,3%) en in Duitsland (1,9%); maar minder dan in de Sovjet-Unie (4,3%) en in Japan (4,3%).

de jaren 1990

Het BBP van Puerto Rico bedroeg in de jaren 1990 US$42,8 miljard per jaar, stond op de 53e plaats in de wereld, en was vergelijkbaar met Hongarije (US$43,2 miljard). Het aandeel in de wereld was 0,15%, en 0,43% in Amerika.

Het bruto binnenlands product van Puerto Rico bestond uit: huishoudelijke uitgaven (61,6%), kapitaalvorming (17,1%), overheidsuitgaven (13,6%) en netto-uitvoer (7,5%).

Het bruto binnenlands product per hoofd in Puerto Rico was $12.082,6 in de jaren 1990s, stond op de 43e plaats in de wereld, en was vergelijkbaar met de Turks- en Caicoseilanden (US$12,0 duizend), Griekenland (US$11,9 duizend). Het bruto binnenlands product per hoofd in Puerto Rico was in 2,4 keer hoger dan het bruto binnenlands product per hoofd van de bevolking in de wereld ($5.020,1), en was 6,9% lager dan het bruto binnenlands product per hoofd van de bevolking in Amerika ($5.020,1).

De groei van het BBP in Puerto Rico bedroeg 4.2% in de jaren 1990, stond op de 65e plaats in de wereld, en was vergelijkbaar met Lesotho (4,2%), Jordanië (4,2%). De groei van het bruto binnenlands product in Puerto Rico (4,2%) was groter dan de groei van het BBP in de wereld (2,8%), was groter dan de groei van het bruto binnenlands product in Amerika (3,1%).

Vergelijking met buren. Het bruto binnenlands product van Puerto Rico was groter dan in de Dominicaanse Republiek (US$15,3 miljard), in de Britse Maagdeneilanden (US$411,6 miljoen) en in Anguilla (US$105,5 miljoen). Het BBP per hoofd in Puerto Rico was groter dan in Anguilla (US$10,7 duizend) en in de Dominicaanse Republiek (US$1.976,9); maar minder dan in de Britse Maagdeneilanden (US$21,6 duizend). De groei van het bruto binnenlands product in Puerto Rico was minder dan in de Britse Maagdeneilanden (18,8%), in Anguilla (6,9%) en in de Dominicaanse Republiek (4,9%).

Vergelijking met leiders. Het BBP van Puerto Rico was minder dan in de Verenigde Staten (US$7,6 biljoen), in Japan (US$4,3 biljoen), in Duitsland (US$2,2 biljoen), in Frankrijk (US$1,4 biljoen) en in het Verenigd Koninkrijk (US$1,3 biljoen). Het bruto binnenlands product per hoofd in Puerto Rico was minder dan in Japan (US$34,3 duizend), in de Verenigde Staten (US$28,7 duizend), in Duitsland (US$27,0 duizend), in Frankrijk (US$24,1 duizend) en in het Verenigd Koninkrijk (US$22,9 duizend). De groei van het bruto binnenlands product in Puerto Rico was groter dan in de Verenigde Staten (3,2%), in het Verenigd Koninkrijk (2,3%), in Duitsland (2,2%), in Frankrijk (2,0%) en in Japan (1,5%).

de jaren 2000

Het bruto binnenlands product van Puerto Rico bedroeg in de jaren 2000 US$81,2 miljard per jaar, stond op de 53e plaats in de wereld, en was vergelijkbaar met Peru (US$79,3 miljard). Het aandeel in de wereld was 0,17%, en 0,49% in Amerika.

Het bruto binnenlands product van Puerto Rico bestond uit: huishoudelijke uitgaven (56,6%), kapitaalvorming (14,5%), overheidsuitgaven (11,5%) en netto-uitvoer (17,4%).

Het BBP per hoofd in Puerto Rico was $22.331,3 in de jaren 2000s, stond op de 43e plaats in de wereld. Het BBP per hoofd in Puerto Rico was in 3,1 keer hoger dan het bruto binnenlands product per hoofd van de bevolking in de wereld ($7.176,3), en was 17,4% hoger dan het bruto binnenlands product per hoofd van de bevolking in Amerika ($7.176,3).

De groei van het bruto binnenlands product in Puerto Rico bedroeg 0.5% in de jaren 2000, stond op de 200e plaats in de wereld. De groei van het bruto binnenlands product in Puerto Rico (0,49%) was minder dan de groei van het bruto binnenlands product in de wereld (3,0%), was minder dan de groei van het bruto binnenlands product in Amerika (2,1%).

Vergelijking met buren. Het bruto binnenlands product van Puerto Rico was groter dan in de Dominicaanse Republiek (US$33,0 miljard), in de Britse Maagdeneilanden (US$970,3 miljoen) en in Anguilla (US$234,0 miljoen). Het BBP per hoofd in Puerto Rico was groter dan in Anguilla (US$19,0 duizend) en in de Dominicaanse Republiek (US$3,7 duizend); maar minder dan in de Britse Maagdeneilanden (US$41,9 duizend). De groei van het BBP in Puerto Rico was minder dan in de Dominicaanse Republiek (4,6%), in Anguilla (4,1%) en in de Britse Maagdeneilanden (0,82%).

Vergelijking met leiders. Het bruto binnenlands product van Puerto Rico was minder dan in de Verenigde Staten (US$12,6 biljoen), in Japan (US$4,7 biljoen), in Duitsland (US$2,8 biljoen), in China (US$2,6 biljoen) en in het Verenigd Koninkrijk (US$2,3 biljoen). Het bruto binnenlands product per hoofd in Puerto Rico was groter dan in China (US$1.954,1); maar minder dan in de Verenigde Staten (US$42,8 duizend), in het Verenigd Koninkrijk (US$38,4 duizend), in Japan (US$36,4 duizend) en in Duitsland (US$34,0 duizend). De groei van het bruto binnenlands product in Puerto Rico was minder dan in China (10,3%), in de Verenigde Staten (1,9%), in het Verenigd Koninkrijk (1,7%), in Duitsland (0,73%) en in Japan (0,50%).

de jaren 2010

Het bruto binnenlands product van Puerto Rico bedroeg in de jaren 2010 US$102,2 miljard per jaar, stond op de 62e plaats in de wereld. Het aandeel in de wereld was 0,13%, en 0,40% in Amerika.

Het bruto binnenlands product van Puerto Rico bestond uit: huishoudelijke uitgaven (60,5%), kapitaalvorming (10,3%), overheidsuitgaven (9,6%) en netto-uitvoer (19,6%).

Het bruto binnenlands product per hoofd in Puerto Rico was $30.576,4 in de jaren 2010s, stond op de 39e plaats in de wereld, en was vergelijkbaar met de Bahama's (US$31,0 duizend). Het bruto binnenlands product per hoofd in Puerto Rico was in 2,9 keer hoger dan het bruto binnenlands product per hoofd van de bevolking in de wereld ($10.603,1), en was 17,0% hoger dan het bruto binnenlands product per hoofd van de bevolking in Amerika ($10.603,1).

De groei van het bruto binnenlands product in Puerto Rico bedroeg -1.1% in de jaren 2010, stond op de 201e plaats in de wereld. De groei van het bruto binnenlands product in Puerto Rico (-1,1%) was minder dan de groei van het BBP in de wereld (3,1%), was minder dan de groei van het BBP in Amerika (2,2%).

Vergelijking met buren. Het BBP van Puerto Rico was 45,5% groter dan in de Dominicaanse Republiek (US$70,3 miljard), 89,9 keer groter dan in de Britse Maagdeneilanden (US$1,1 miljard) en 333,4 keer groter dan in Anguilla (US$306,7 miljoen). Het bruto binnenlands product per hoofd in Puerto Rico was 41,4% groter dan in Anguilla (US$21,6 duizend) en 4,4 keer groter dan in de Dominicaanse Republiek (US$6,9 duizend); maar 21,8% minder dan in de Britse Maagdeneilanden (US$39,1 duizend). De groei van het bruto binnenlands product in Puerto Rico was minder dan in de Dominicaanse Republiek (5,6%), in de Britse Maagdeneilanden (1,5%) en in Anguilla (0,44%).

Vergelijking met leiders. Het BBP van Puerto Rico was 175,7 keer minder dan in de Verenigde Staten (US$18,0 biljoen), 102,8 keer minder dan in China (US$10,5 biljoen), 51,1 keer minder dan in Japan (US$5,2 biljoen), 35,8 keer minder dan in Duitsland (US$3,7 biljoen) en 27,1 keer minder dan in het Verenigd Koninkrijk (US$2,8 biljoen). Het BBP per hoofd in Puerto Rico was 4,1 keer groter dan in China (US$7,5 duizend); maar 45,6% minder dan in de Verenigde Staten (US$56,2 duizend), 31,6% minder dan in Duitsland (US$44,7 duizend), 27,5% minder dan in het Verenigd Koninkrijk (US$42,2 duizend) en 25,2% minder dan in Japan (US$40,9 duizend). De groei van het BBP in Puerto Rico was minder dan in China (7,7%), in de Verenigde Staten (2,3%), in Duitsland (1,9%), in het Verenigd Koninkrijk (1,8%) en in Japan (1,3%).

Hoofdstuk II. Toegevoegde waarde

De toegevoegde waarde van Puerto Rico steeg van US$8,2 miljard per jaar in de jaren 1970 tot US$101,9 miljard per jaar in de jaren 2010, dat wil zeggen met US$93,7 miljard of 12,4 keer. De verandering vond plaats op US$79,5 miljard als gevolg van een 4,5-voudige stijging van de prijzen, en ook op US$12,7 miljard als gevolg van een 2,3-voudige toename van de productiviteit , evenals op US$1,5 miljard als gevolg van de toename van de bevolking. De gemiddelde jaarlijkse groei van de toegevoegde waarde is 2,3%. De minimumwaarde van de toegevoegde waarde bedroeg US$4,9 miljard in 1970. De maximumwaarde van de toegevoegde waarde bedroeg US$104,7 miljard in 2016.

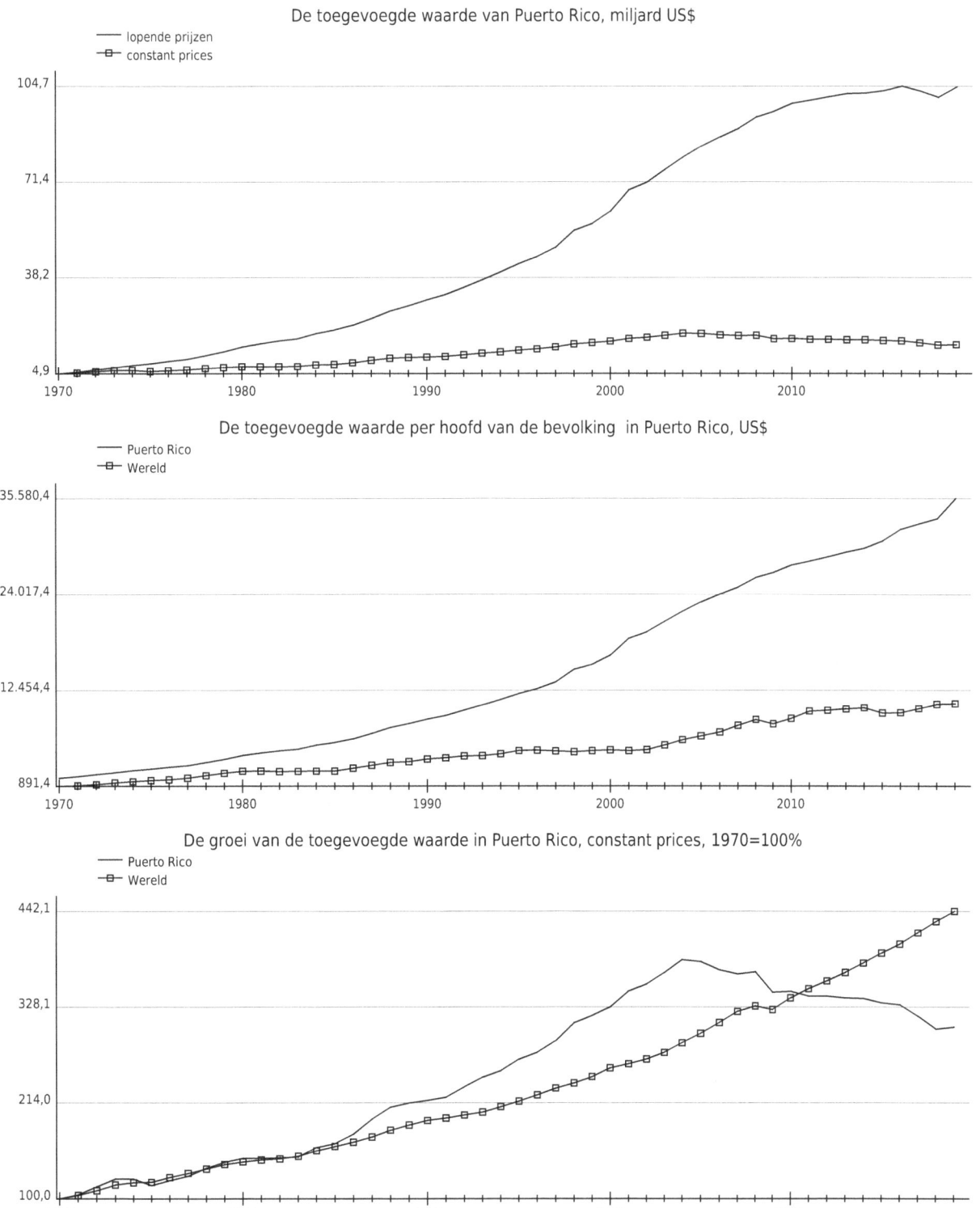

De toegevoegde waarde van Puerto Rico, miljard US$

De toegevoegde waarde per hoofd van de bevolking in Puerto Rico, US$

De groei van de toegevoegde waarde in Puerto Rico, constant prices, 1970=100%

de jaren 1970

De toegevoegde waarde van Puerto Rico bedroeg in de jaren 1970 US$8,2 miljard per jaar, stond op de 60e plaats in de wereld, en was vergelijkbaar met Irak (US$8,1 miljard), Bangladesh (US$8,4 miljard). Het aandeel in de wereld was 0,13%, en 0,37% in Amerika.

De totale toegevoegde waarde van Puerto Rico bestond uit: diensten (35,0%), industrie (34,9%), handel (15,8%), bouw (6,0%), landbouw (4,2%) en vervoer (4,1%).

De toegevoegde waarde per hoofd in Puerto Rico was $2.912,6 in de jaren 1970s, stond op de 42e plaats in de wereld, en was vergelijkbaar met Zuid-Europa (US$2,9 duizend). De toegevoegde waarde per hoofd in Puerto Rico was 86,2% hoger dan de toegevoegde waarde per hoofd van de bevolking in de wereld ($1.564,4), en was 26,9% lager dan de toegevoegde waarde per hoofd van de bevolking in Amerika ($1.564,4).

De groei van de toegevoegde waarde in Puerto Rico bedroeg 4.1% in de jaren 1970, stond op de 95e plaats in de wereld, en was vergelijkbaar met Albanië (4,0%), Spanje (4,0%), Suriname (4,1%). De groei van de toegevoegde waarde in Puerto Rico (4,1%) was groter dan de groei van de toegevoegde waarde in de wereld (3,9%), was groter dan de groei van de toegevoegde waarde in Amerika (3,5%).

Vergelijking met buren. De toegevoegde waarde van Puerto Rico was groter dan in de Dominicaanse Republiek (US$4,1 miljard), in de Britse Maagdeneilanden (US$15,0 miljoen) en in Anguilla (US$6,0 miljoen). De toegevoegde waarde per hoofd in Puerto Rico was groter dan in de Britse Maagdeneilanden (US$1.423,3), in Anguilla (US$842,2) en in de Dominicaanse Republiek (US$813,3). De groei van de toegevoegde waarde in Puerto Rico was groter dan in Anguilla (3,8%); maar minder dan in de Dominicaanse Republiek (7,6%) en in de Britse Maagdeneilanden (5,9%).

Vergelijking met leiders. De toegevoegde waarde van Puerto Rico was minder dan in de Verenigde Staten (US$1,7 biljoen), in de Sovjet-Unie (US$649,4 miljard), in Japan (US$545,3 miljard), in Duitsland (US$444,9 miljard) en in Frankrijk (US$297,3 miljard). De toegevoegde waarde per hoofd in Puerto Rico was groter dan in de Sovjet-Unie (US$2,6 duizend); maar minder dan in de Verenigde Staten (US$7,8 duizend), in Duitsland (US$5,7 duizend), in Frankrijk (US$5,5 duizend) en in Japan (US$4,9 duizend). De groei van de toegevoegde waarde in Puerto Rico was groter dan in Frankrijk (3,7%), in Duitsland (3,1%) en in de Verenigde Staten (2,9%); maar minder dan in Japan (4,9%) en in de Sovjet-Unie (4,8%).

de jaren 1980

De toegevoegde waarde van Puerto Rico bedroeg in de jaren 1980 US$20,2 miljard per jaar, stond op de 57e plaats in de wereld. Het aandeel in de wereld was 0,14%, en 0,37% in Amerika.

De totale toegevoegde waarde van Puerto Rico bestond uit: industrie (42,8%), diensten (33,9%), handel (14,1%), vervoer (4,2%), landbouw (2,6%) en bouw (2,3%).

De toegevoegde waarde per hoofd in Puerto Rico was $6.239,3 in de jaren 1980s, stond op de 43e plaats in de wereld, en was vergelijkbaar met de Turks- en Caicoseilanden (US$6,3 duizend), Spanje (US$6,1 duizend). De toegevoegde waarde per hoofd in Puerto Rico was in 2,1 keer hoger dan de toegevoegde waarde per hoofd van de bevolking in de wereld ($3.029,9), en was 23,5% lager dan de toegevoegde waarde per hoofd van de bevolking in Amerika ($3.029,9).

De groei van de toegevoegde waarde in Puerto Rico bedroeg 4.1% in de jaren 1980, stond op de 50e plaats in de wereld. De groei van de toegevoegde waarde in Puerto Rico (4,1%) was groter dan de groei van de toegevoegde waarde in de wereld (2,9%), was groter dan de groei van de toegevoegde waarde in Amerika (2,7%).

Vergelijking met buren. De toegevoegde waarde van Puerto Rico was groter dan in de Dominicaanse Republiek (US$8,1 miljard), in de Britse Maagdeneilanden (US$56,2 miljoen) en in Anguilla (US$26,9 miljoen). De toegevoegde waarde per hoofd in Puerto Rico was groter dan in de Britse Maagdeneilanden (US$4,1 duizend), in Anguilla (US$3,6 duizend) en in de Dominicaanse Republiek (US$1.268,2). De groei van de toegevoegde waarde in Puerto Rico was groter dan in de Dominicaanse Republiek (3,9%); maar minder dan in Anguilla (7,2%) en in de Britse Maagdeneilanden (7,1%).

Vergelijking met leiders. De toegevoegde waarde van Puerto Rico was minder dan in de Verenigde Staten (US$4,2 biljoen), in Japan (US$1,8 biljoen), in Duitsland (US$907,0 miljard), in de Sovjet-Unie (US$887,0 miljard) en in Frankrijk (US$650,9 miljard). De toegevoegde waarde per hoofd in Puerto Rico was groter dan in de Sovjet-Unie (US$3,2 duizend); maar minder dan in de Verenigde Staten (US$17,4 duizend), in Japan (US$14,8 duizend), in Duitsland (US$11,6 duizend) en in Frankrijk (US$11,5 duizend). De groei van de toegevoegde waarde in Puerto Rico was groter dan in de Verenigde Staten (2,8%), in Frankrijk (2,2%) en in Duitsland (2,0%); maar minder dan in de Sovjet-Unie (4,3%) en in Japan (4,2%).

de jaren 1990

De toegevoegde waarde van Puerto Rico bedroeg in de jaren 1990 US$42,4 miljard per jaar, stond op de 51e plaats in de wereld. Het aandeel in de wereld was 0,15%, en 0,43% in Amerika.

De totale toegevoegde waarde van Puerto Rico bestond uit: industrie (44,3%), diensten (34,8%), handel (13,0%), transport (3,8%), constructie (2,9%) en landbouw (1,3%).

De toegevoegde waarde per hoofd in Puerto Rico was $11.956,8 in de jaren 1990s, stond op de 44e plaats in de wereld. De toegevoegde waarde per hoofd in Puerto Rico was in 2,5 keer hoger dan de toegevoegde waarde per hoofd van de bevolking in de wereld ($4.799,9), en was 6,4% lager dan de toegevoegde waarde per hoofd van de bevolking in Amerika ($4.799,9).

De groei van de toegevoegde waarde in Puerto Rico bedroeg 4% in de jaren 1990, stond op de 69e plaats in de wereld, en was vergelijkbaar met Guinee (4,0%), Egypte (4,1%). De groei van de toegevoegde waarde in Puerto Rico (4,0%) was groter dan de groei van de toegevoegde waarde in de wereld (2,7%), was groter dan de groei van de toegevoegde waarde in Amerika (2,8%).

Vergelijking met buren. De toegevoegde waarde van Puerto Rico was groter dan in de Dominicaanse Republiek (US$14,1 miljard), in de Britse Maagdeneilanden (US$408,1 miljoen) en in Anguilla (US$92,5 miljoen). De toegevoegde waarde per hoofd in Puerto Rico was groter dan in Anguilla (US$9,4 duizend) en   in de Dominicaanse Republiek (US$1.815,7); maar minder dan in de Britse Maagdeneilanden (US$21,5 duizend). De groei van de toegevoegde waarde in Puerto Rico was minder dan in de Britse Maagdeneilanden (19,4%), in Anguilla (5,1%) en in de Dominicaanse Republiek (4,5%).

Vergelijking met leiders. De toegevoegde waarde van Puerto Rico was minder dan in de Verenigde Staten (US$7,6 biljoen), in Japan (US$4,3 biljoen), in Duitsland (US$2,0 biljoen), in Frankrijk (US$1,3 biljoen) en in het Verenigd Koninkrijk (US$1,2 biljoen). De toegevoegde waarde per hoofd in Puerto Rico was minder dan in Japan (US$34,2 duizend), in de Verenigde Staten (US$28,6 duizend), in Duitsland (US$24,5 duizend), in Frankrijk (US$21,6 duizend) en in het Verenigd Koninkrijk (US$21,4 duizend). De groei van de toegevoegde waarde in Puerto Rico was groter dan in de Verenigde Staten (2,8%), in het Verenigd Koninkrijk (2,4%), in Duitsland (2,1%), in Frankrijk (1,8%) en in Japan (1,8%).

de jaren 2000

De toegevoegde waarde van Puerto Rico bedroeg in de jaren 2000 US$80,7 miljard per jaar, stond op de 52e plaats in de wereld, en was vergelijkbaar met Koeweit (US$79,9 miljard), Oekraïne (US$79,0 miljard). Het aandeel in de wereld was 0,18%, en 0,49% in Amerika.

De totale toegevoegde waarde van Puerto Rico bestond uit: industrie (45,3%), diensten (37,4%), handel (10,7%), vervoer (3,5%), bouw (2,5%) en landbouw (0,63%).

De toegevoegde waarde per hoofd in Puerto Rico was $22.196,5 in de jaren 2000s, stond op de 39e plaats in de wereld, en was vergelijkbaar met Nieuw-Zeeland (US$22,1 duizend), Sint Maarten (US$22,5 duizend), Spanje (US$22,7 duizend). De toegevoegde waarde per hoofd in Puerto Rico was in 3,3 keer hoger dan de toegevoegde waarde per hoofd van de bevolking in de wereld ($6.818,0), en was 19,2% hoger dan de toegevoegde waarde per hoofd van de bevolking in Amerika ($6.818,0).

De groei van de toegevoegde waarde in Puerto Rico bedroeg 0.8% in de jaren 2000, stond op de 190e plaats in de wereld. De groei van de toegevoegde waarde in Puerto Rico (0,83%) was minder dan de groei van de toegevoegde waarde in de wereld (2,9%), was minder dan de groei van de toegevoegde waarde in Amerika (1,9%).

Vergelijking met buren. De toegevoegde waarde van Puerto Rico was groter dan in de Dominicaanse Republiek (US$30,6 miljard), in de Britse Maagdeneilanden (US$977,5 miljoen) en in Anguilla (US$200,3 miljoen). De toegevoegde waarde per hoofd in Puerto Rico was groter dan in Anguilla (US$16,3 duizend) en in de Dominicaanse Republiek (US$3,4 duizend); maar minder dan in de Britse Maagdeneilanden (US$42,2 duizend). De groei van de toegevoegde waarde in Puerto Rico was groter dan in de Britse Maagdeneilanden (0,77%); maar minder dan in Anguilla (4,4%) en in de Dominicaanse Republiek (3,5%).

Vergelijking met leiders. De toegevoegde waarde van Puerto Rico was minder dan in de Verenigde Staten (US$12,6 biljoen), in Japan (US$4,7 biljoen),   in China (US$2,6 biljoen),   in Duitsland (US$2,5 biljoen) en   in het Verenigd Koninkrijk (US$2,1 biljoen). De toegevoegde waarde per hoofd in Puerto Rico was groter dan in China (US$1.954,1); maar minder dan in de Verenigde Staten

(US$42,8 duizend), in Japan (US$36,4 duizend), in het Verenigd Koninkrijk (US$34,6 duizend) en in Duitsland (US$30,7 duizend). De groei van de toegevoegde waarde in Puerto Rico was groter dan in Duitsland (0,65%) en in Japan (0,27%); maar minder dan in China (10,2%), in de Verenigde Staten (1,7%) en in het Verenigd Koninkrijk (1,7%).

de jaren 2010

De toegevoegde waarde van Puerto Rico bedroeg in de jaren 2010 US$101,9 miljard per jaar, stond op de 61e plaats in de wereld. Het aandeel in de wereld was 0,14%, en 0,41% in Amerika.

De totale toegevoegde waarde van Puerto Rico bestond uit: industrie (49,3%), diensten (35,8%), handel (9,6%), vervoer (3,4%), bouw (1,1%) en landbouw (0,80%).

De toegevoegde waarde per hoofd in Puerto Rico was $30.490,9 in de jaren 2010s, stond op de 38e plaats in de wereld, en was vergelijkbaar met Italië (US$30,7 duizend). De toegevoegde waarde per hoofd in Puerto Rico was in 3,0 keer hoger dan de toegevoegde waarde per hoofd van de bevolking in de wereld ($10.094,6), en was 20,0% hoger dan de toegevoegde waarde per hoofd van de bevolking in Amerika ($10.094,6).

De groei van de toegevoegde waarde in Puerto Rico bedroeg -1.3% in de jaren 2010, stond op de 201e plaats in de wereld. De groei van de toegevoegde waarde in Puerto Rico (-1,3%) was minder dan de groei van de toegevoegde waarde in de wereld (3,1%), was minder dan de groei van de toegevoegde waarde in Amerika (2,1%).

Vergelijking met buren. De toegevoegde waarde van Puerto Rico was 55,8% groter dan in de Dominicaanse Republiek (US$65,4 miljard), 86,3 keer groter dan in de Britse Maagdeneilanden (US$1,2 miljard) en 388,2 keer groter dan in Anguilla (US$262,6 miljoen). De toegevoegde waarde per hoofd in Puerto Rico was 64,7% groter dan in Anguilla (US$18,5 duizend) en 4,8 keer groter dan in de Dominicaanse Republiek (US$6,4 duizend); maar 25,0% minder dan in de Britse Maagdeneilanden (US$40,6 duizend). De groei van de toegevoegde waarde in Puerto Rico was minder dan in de Dominicaanse Republiek (5,6%), in de Britse Maagdeneilanden (2,0%) en in Anguilla (0,056%).

Vergelijking met leiders. De toegevoegde waarde van Puerto Rico was 176,2 keer minder dan in de Verenigde Staten (US$18,0 biljoen), 103,1 keer minder dan in China (US$10,5 biljoen), 51,0 keer minder dan in Japan (US$5,2 biljoen), 32,4 keer minder dan in Duitsland (US$3,3 biljoen) en 24,2 keer minder dan in het Verenigd Koninkrijk (US$2,5 biljoen). De toegevoegde waarde per hoofd in Puerto Rico was 4,1 keer groter dan in China (US$7,5 duizend); maar 45,8% minder dan in de Verenigde Staten (US$56,2 duizend), 25,0% minder dan in Japan (US$40,7 duizend), 24,4% minder dan in Duitsland (US$40,3 duizend) en 19,0% minder dan in het Verenigd Koninkrijk (US$37,7 duizend). De groei van de toegevoegde waarde in Puerto Rico was minder dan in China (7,7%), in de Verenigde Staten (2,2%), in Duitsland (1,9%), in het Verenigd Koninkrijk (1,8%) en in Japan (1,3%).

Hoofdstuk III. Bruto nationaal inkomen

Het bruto nationaal inkomen van Puerto Rico steeg van US$7,2 miljard per jaar in de jaren 1970 tot US$68,3 miljard per jaar in de jaren 2010, dat wil zeggen met US$61,2 miljard of 9,5 keer. De verandering vond plaats op US$54,0 miljard als gevolg van een 4,8-voudige stijging van de prijzen, en ook op US$5,8 miljard als gevolg van een 1,7-voudige toename van de productiviteit , evenals op US$1,3 miljard als gevolg van de toename van de bevolking. De gemiddelde jaarlijkse groei van het bruto nationaal inkomen is 1,6%. De minimumwaarde van het bruto nationaal inkomen bedroeg US$4,6 miljard in 1970. De maximumwaarde van het BNI bedroeg US$70,8 miljard in 2019.

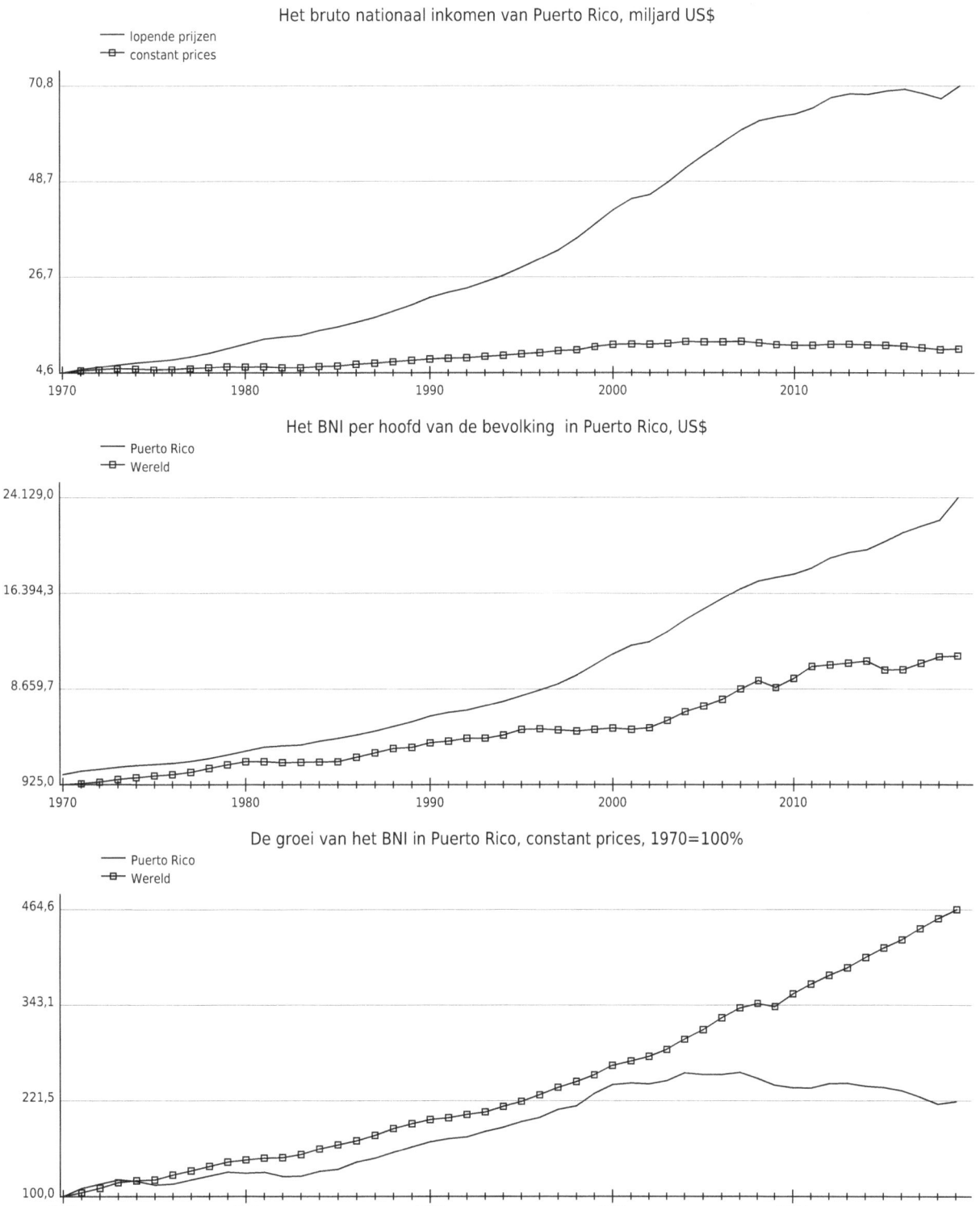

de jaren 1970

Het BNI van Puerto Rico bedroeg in de jaren 1970 US$7,2 miljard per jaar, stond op de 62e plaats in de wereld, en was vergelijkbaar met Irak (US$7,2 miljard), Ecuador (US$7,1 miljard). Het aandeel in de wereld was 0,11%, en 0,32% in Amerika.

Het BNI per hoofd in Puerto Rico was $2.530,3 in de jaren 1970s, stond op de 46e plaats in de wereld, en was vergelijkbaar met de Sovjet-Unie (US$2,6 duizend), de Turks- en Caicoseilanden (US$2,5 duizend). Het BNI per hoofd in Puerto Rico was 55,8% hoger dan het bruto nationaal inkomen per hoofd van de bevolking in de wereld ($1.624,3), en was 37,1% lager dan het bruto nationaal inkomen per hoofd van de bevolking in Amerika ($1.624,3).

De groei van het bruto nationaal inkomen in Puerto Rico bedroeg 3% in de jaren 1970, stond op de 135e plaats in de wereld, en was vergelijkbaar met Laos (3,0%), Guinee (3,0%), de Nederland (3,0%). De groei van het BNI in Puerto Rico (3,0%) was minder dan de groei van het bruto nationaal inkomen in de wereld (4,1%), was minder dan de groei van het BNI in Amerika (4,0%).

Vergelijking met buren. Het BNI van Puerto Rico was groter dan in de Dominicaanse Republiek (US$3,8 miljard), in de Britse Maagdeneilanden (US$13,8 miljoen) en In Angullla (US$6,3 miljoen). Het BNI per hoofd in Puerto Rico was groter dan in de Britse Maagdeneilanden (US$1.306,4), in Anguilla (US$885,2) en in de Dominicaanse Republiek (US$739,2). De groei van het bruto nationaal inkomen in Puerto Rico was minder dan in de Dominicaanse Republiek (6,8%), in Anguilla (3,8%) en in de Britse Maagdeneilanden (3,2%).

Vergelijking met leiders. Het BNI van Puerto Rico was minder dan in de Verenigde Staten (US$1,7 biljoen), in de Sovjet-Unie (US$649,4 miljard), in Japan (US$558,5 miljard), in Duitsland (US$486,2 miljard) en in Frankrijk (US$334,3 miljard). Het bruto nationaal inkomen per hoofd in Puerto Rico was minder dan in de Verenigde Staten (US$7,8 duizend), in Frankrijk (US$6,2 duizend), in Duitsland (US$6,2 duizend), in Japan (US$5,0 duizend) en in de Sovjet-Unie (US$2,6 duizend). De groei van het bruto nationaal inkomen in Puerto Rico was minder dan in de Sovjet-Unie (4,8%), in Japan (4,7%), in Frankrijk (3,9%), in de Verenigde Staten (3,5%) en in Duitsland (3,0%).

de jaren 1980

Het bruto nationaal inkomen van Puerto Rico bedroeg in de jaren 1980 US$15,2 miljard per jaar, stond op de 62e plaats in de wereld, en was vergelijkbaar met Ecuador (US$15,5 miljard). Het aandeel in de wereld was 0,10%, en 0,28% in Amerika.

Het BNI per hoofd in Puerto Rico was $4.688,5 in de jaren 1980s, stond op de 52e plaats in de wereld, en was vergelijkbaar met Malta (US$4,6 duizend). Het bruto nationaal inkomen per hoofd in Puerto Rico was 50,4% hoger dan het bruto nationaal inkomen per hoofd van de bevolking in de wereld ($3.117,1), en was 41,9% lager dan het bruto nationaal inkomen per hoofd van de bevolking in Amerika ($3.117,1).

De groei van het BNI in Puerto Rico bedroeg 2.2% in de jaren 1980, stond op de 114e plaats in de wereld, en was vergelijkbaar met Qatar (2,2%), Zwitserland (2,2%), Angola (2,2%). De groei van het BNI in Puerto Rico (2,2%) was minder dan de groei van het BNI in de wereld (3,0%), was minder dan de groei van het BNI in Amerika (2,8%).

Vergelijking met buren. Het BNI van Puerto Rico was groter dan in de Dominicaanse Republiek (US$7,5 miljard), in de Britse Maagdeneilanden (US$49,4 miljoen) en in Anguilla (US$28,4 miljoen). Het BNI per hoofd in Puerto Rico was groter dan in Anguilla (US$3,8 duizend), in de Britse Maagdeneilanden (US$3,6 duizend) en in de Dominicaanse Republiek (US$1.179,2). De groei van het BNI in Puerto Rico was minder dan in Anguilla (7,0%), in de Britse Maagdeneilanden (6,7%) en in de Dominicaanse Republiek (3,8%).

Vergelijking met leiders. Het BNI van Puerto Rico was minder dan in de Verenigde Staten (US$4,2 biljoen), in Japan (US$1,8 biljoen), in Duitsland (US$996,5 miljard), in de Sovjet-Unie (US$887,0 miljard) en in Frankrijk (US$732,1 miljard). Het bruto nationaal inkomen per hoofd in Puerto Rico was groter dan in de Sovjet-Unie (US$3,2 duizend); maar minder dan in de Verenigde Staten (US$17,4 duizend), in Japan (US$15,0 duizend), in Frankrijk (US$13,0 duizend) en in Duitsland (US$12,8 duizend). De groei van het BNI in Puerto Rico was groter dan in Duitsland (2,0%); maar minder dan in Japan (4,4%), in de Sovjet-Unie (4,3%), in de Verenigde Staten (3,1%) en in Frankrijk (2,3%).

de jaren 1990

Het BNI van Puerto Rico bedroeg in de jaren 1990 US$28,9 miljard per jaar, stond op de 58e plaats in de wereld, en was vergelijkbaar met Koeweit (US$29,5 miljard). Het aandeel in de wereld was 0,10%, en 0,29% in Amerika.

Het BNI per hoofd in Puerto Rico was $8.155,4 in de jaren 1990s, stond op de 53e plaats in de wereld, en was vergelijkbaar met Antigua en Barbuda (US$8,3 duizend). Het BNI per hoofd in Puerto Rico was 63,4% hoger dan het bruto nationaal inkomen per hoofd van de bevolking in de wereld ($4.991,4), en was 36,2% lager dan het bruto nationaal inkomen per hoofd van de bevolking in Amerika ($4.991,4).

De groei van het bruto nationaal inkomen in Puerto Rico bedroeg 3.5% in de jaren 1990, stond op de 86e plaats in de wereld. De groei van het bruto nationaal inkomen in Puerto Rico (3,5%) was groter dan de groei van het BNI in de wereld (2,8%), was groter dan de groei van het BNI in Amerika (3,2%).

Vergelijking met buren. Het bruto nationaal inkomen van Puerto Rico was groter dan in de Dominicaanse Republiek (US$14,5 miljard), in de Britse Maagdeneilanden (US$373,8 miljoen) en in Anguilla (US$99,3 miljoen). Het BNI per hoofd in Puerto Rico was groter dan in de Dominicaanse Republiek (US$1.866,0); maar minder dan in de Britse Maagdeneilanden (US$19,7 duizend) en in Anguilla (US$10,1 duizend). De groei van het BNI in Puerto Rico was minder dan in de Britse Maagdeneilanden (19,2%), in Anguilla (7,6%) en in de Dominicaanse Republiek (5,4%).

Vergelijking met leiders. Het BNI van Puerto Rico was minder dan in de Verenigde Staten (US$7,5 biljoen), in Japan (US$4,4 biljoen), in Duitsland (US$2,2 biljoen), in Frankrijk (US$1,4 biljoen) en in het Verenigd Koninkrijk (US$1,3 biljoen). Het BNI per hoofd in Puerto Rico was minder dan in Japan (US$34,7 duizend), in de Verenigde Staten (US$28,5 duizend), in Duitsland (US$27,0 duizend), in Frankrijk (US$24,3 duizend) en in het Verenigd Koninkrijk (US$23,0 duizend). De groei van het BNI in Puerto Rico was groter dan in de Verenigde Staten (3,4%), in Frankrijk (2,2%), in het Verenigd Koninkrijk (2,0%), in Duitsland (2,0%) en in Japan (1,5%).

de jaren 2000

Het BNI van Puerto Rico bedroeg in de jaren 2000 US$53,3 miljard per jaar, stond op de 60e plaats in de wereld. Het aandeel in de wereld was 0,11%, en 0,32% in Amerika.

Het bruto nationaal inkomen per hoofd in Puerto Rico was $14.641,0 in de jaren 2000s, stond op de 53e plaats in de wereld. Het BNI per hoofd in Puerto Rico was in 2,0 keer hoger dan het bruto nationaal inkomen per hoofd van de bevolking in de wereld ($7.165,2), en was 22,8% lager dan het bruto nationaal inkomen per hoofd van de bevolking in Amerika ($7.165,2).

De groei van het BNI in Puerto Rico bedroeg 0.4% in de jaren 2000, stond op de 199e plaats in de wereld. De groei van het bruto nationaal inkomen in Puerto Rico (0,44%) was minder dan de groei van het BNI in de wereld (3,0%), was minder dan de groei van het bruto nationaal inkomen in Amerika (2,1%).

Vergelijking met buren. Het BNI van Puerto Rico was groter dan in de Dominicaanse Republiek (US$31,5 miljard), in de Britse Maagdeneilanden (US$896,0 miljoen) en in Anguilla (US$231,0 miljoen). Het BNI per hoofd in Puerto Rico was groter dan in de Dominicaanse Republiek (US$3,5 duizend); maar minder dan in de Britse Maagdeneilanden (US$38,7 duizend) en in Anguilla (US$18,8 duizend). De groei van het BNI in Puerto Rico was minder dan in de Dominicaanse Republiek (4,7%), in Anguilla (4,1%) en in de Britse Maagdeneilanden (0,66%).

Vergelijking met leiders. Het bruto nationaal inkomen van Puerto Rico was minder dan in de Verenigde Staten (US$12,7 biljoen), in Japan (US$4,8 biljoen), in Duitsland (US$2,8 biljoen), in China (US$2,6 biljoen) en in het Verenigd Koninkrijk (US$2,3 biljoen). Het bruto nationaal inkomen per hoofd in Puerto Rico was groter dan in China (US$1.950,5); maar minder dan in de Verenigde Staten (US$43,2 duizend), in het Verenigd Koninkrijk (US$38,5 duizend), in Japan (US$37,1 duizend) en in Duitsland (US$34,2 duizend). De groei van het BNI in Puerto Rico was minder dan in China (10,4%), in de Verenigde Staten (1,8%), in het Verenigd Koninkrijk (1,7%), in Duitsland (1,0%) en in Japan (0,62%).

de jaren 2010

Het bruto nationaal inkomen van Puerto Rico bedroeg in de jaren 2010 US$68,3 miljard per jaar, stond op de 67e plaats in de wereld, en was vergelijkbaar met Oman (US$68,4 miljard), Soedan (US$67,3 miljard), de Dominicaanse Republiek (US$67,2 miljard). Het aandeel in de wereld was 0,088%, en 0,27% in Amerika.

Het bruto nationaal inkomen per hoofd in Puerto Rico was $20.430,3 in de jaren 2010s, stond op de 53e plaats in de wereld. Het BNI per hoofd in Puerto Rico was 92,5% hoger dan het bruto nationaal inkomen per hoofd van de bevolking in de wereld ($10.611,7), en was 22,2% lager dan het bruto nationaal inkomen per hoofd van de bevolking in Amerika ($10.611,7).

De groei van het BNI in Puerto Rico bedroeg -0.9% in de jaren 2010, stond op de 202e plaats in de wereld. De groei van het bruto nationaal inkomen in Puerto Rico (-0,89%) was minder dan de groei van het bruto nationaal inkomen in de wereld (3,1%), was minder dan de groei van het BNI in Amerika (2,3%).

Vergelijking met buren. Het BNI van Puerto Rico was 1,6% groter dan in de Dominicaanse Republiek (US$67,2 miljard), 65,9 keer groter dan in de Britse Maagdeneilanden (US$1,0 miljard) en 224,3 keer groter dan in Anguilla (US$304,5 miljoen). Het BNI per hoofd in Puerto Rico was 3,1 keer groter dan in de Dominicaanse Republiek (US$6,6 duizend); maar 42,8% minder dan in de Britse Maagdeneilanden (US$35,7 duizend) en 4,9% minder dan in Anguilla (US$21,5 duizend). De groei van het BNI in Puerto Rico was minder dan in de Dominicaanse Republiek (5,5%), in de Britse Maagdeneilanden (1,5%) en in Anguilla (0,68%).

Vergelijking met leiders. Het bruto nationaal inkomen van Puerto Rico was 268,0 keer minder dan in de Verenigde Staten (US$18,3 biljoen), 153,2 keer minder dan in China (US$10,5 biljoen), 79,0 keer minder dan in Japan (US$5,4 biljoen), 54,9 keer minder dan in Duitsland (US$3,7 biljoen) en 40,2 keer minder dan in Frankrijk (US$2,7 biljoen). Het BNI per hoofd in Puerto Rico was 2,7 keer groter dan in China (US$7,5 duizend); maar 2,8 keer minder dan in de Verenigde Staten (US$57,3 duizend), 2,2 keer minder dan in Duitsland (US$45,8 duizend), 2,1 keer minder dan in Japan (US$42,2 duizend) en 2,0 keer minder dan in Frankrijk (US$41,4 duizend). De groei van het BNI in Puerto Rico was minder dan in China (7,7%), in de Verenigde Staten (2,5%), in Duitsland (2,0%), in Japan (1,4%) en in Frankrijk (1,4%).

Part II. Structuur

Hoofdstuk IV. Landbouw

Landbouw, jacht, bosbouw, vissen (ISIC A-B)

De toegevoegde waarde van de landbouw in Puerto Rico steeg van US$343,0 miljoen per jaar in de jaren 1970 tot US$812,0 miljoen per jaar in de jaren 2010, dat wil zeggen met US$469,0 miljoen of 2,4 keer. De verandering vond plaats op US$186,5 miljoen als gevolg van een 1,3-voudige stijging van de prijzen, en ook op US$220,0 miljoen als gevolg van een 1,5-voudige toename van de productiviteit , evenals op US$62,5 miljoen als gevolg van de toename van de bevolking. De gemiddelde jaarlijkse groei van de landbouw is 1,2%. De minimumwaarde van de landbouw bedroeg US$202,3 miljoen in 1970. De maximumwaarde van de landbouw bedroeg US$867,1 miljoen in 2014.

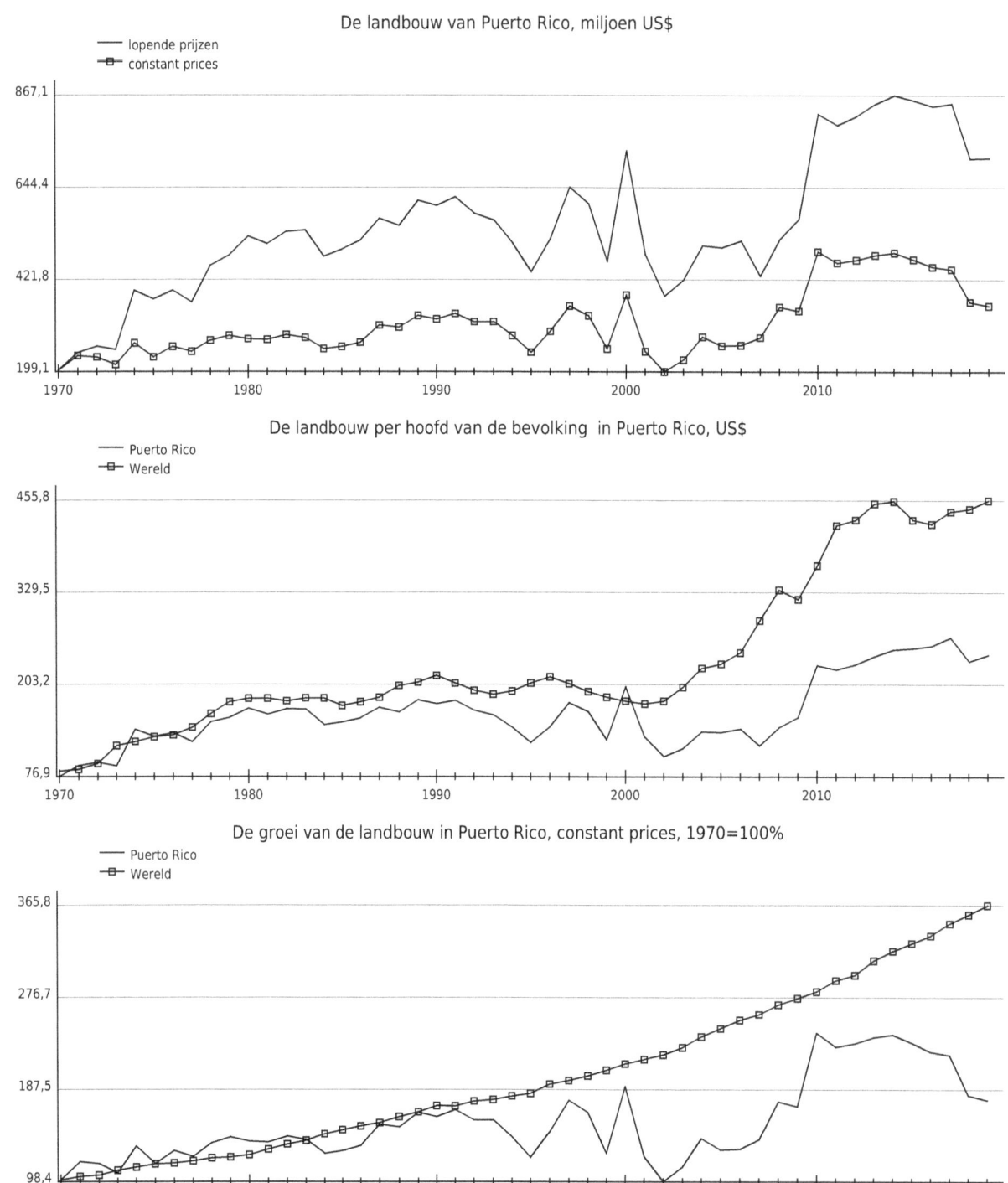

De landbouw van Puerto Rico, miljoen US$

De landbouw per hoofd van de bevolking in Puerto Rico, US$

De groei van de landbouw in Puerto Rico, constant prices, 1970=100%

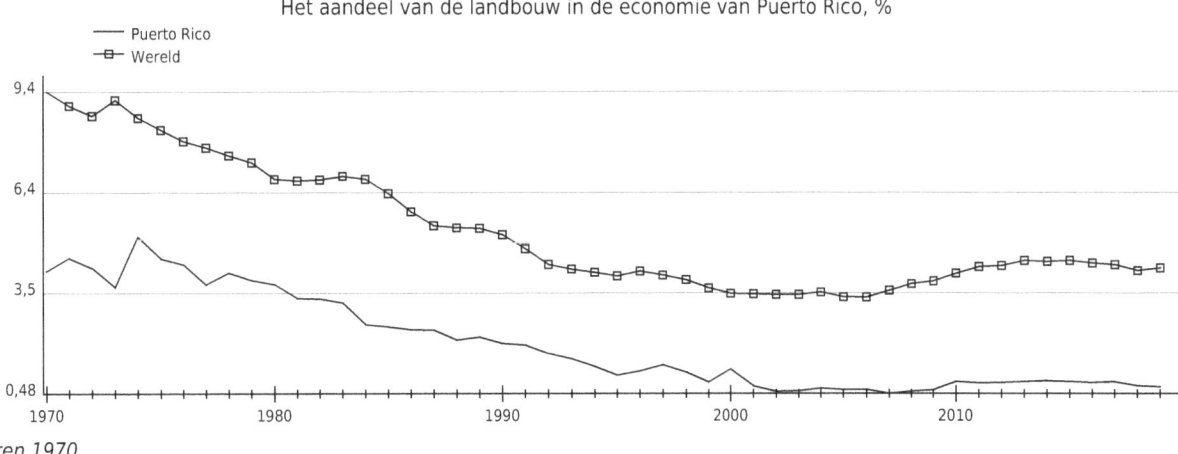

Het aandeel van de landbouw in de economie van Puerto Rico, %

de jaren 1970

De sector van de landbouw in Puerto Rico bedroeg in de jaren 1970 US$343,0 miljoen per jaar, stond op de 92e plaats in de wereld, en was vergelijkbaar met Cambodja (US$342,7 miljoen), Haïti (US$336,1 miljoen). Het aandeel in de wereld was 0,067%, en 0,39% in Amerika.

Het aandeel van de landbouw in de economie van Puerto Rico was 4,2% in de jaren 1970, stond op de 156e plaats in de wereld.

De toegevoegde waarde van de landbouw per hoofd in Puerto Rico was $121,3 in de jaren 1970s, stond op de 81e plaats in de wereld, en was vergelijkbaar met de Dominicaanse Republiek (US$122,3), Suriname (US$122,5), de Bahama's (US$122,6). De landbouw per hoofd in Puerto Rico was 5,0% lager dan de landbouw per hoofd van de bevolking in de wereld ($127,6), en was 23,3% lager dan de landbouw per hoofd van de bevolking in Amerika ($127,6).

De groei van de landbouw in Puerto Rico bedroeg 3.9% in de jaren 1970, stond op de 60e plaats in de wereld, en was vergelijkbaar met Myanmar (3,9%), Albanië (3,9%). De groei van de landbouw in Puerto Rico (3,9%) was groter dan de groei van de landbouw in de wereld (2,2%), was groter dan de groei van de landbouw in Amerika (1,9%).

Vergelijking met buren. De sector van de landbouw in Puerto Rico was groter dan in Anguilla (US$315,2 duizend) en in de Britse Maagdeneilanden (US$161,1 duizend); maar minder dan in de Dominicaanse Republiek (US$621,6 miljoen). De waarde van de landbouw per hoofd in Puerto Rico was groter dan in Anguilla (US$44,5) en in de Britse Maagdeneilanden (US$15,2); maar minder dan in de Dominicaanse Republiek (US$122,3). De groei van de landbouw in Puerto Rico was groter dan in de Dominicaanse Republiek (3,3%) en in de Britse Maagdeneilanden (1,5%); maar minder dan in Anguilla (4,0%).

Vergelijking met leiders. De landbouw van Puerto Rico was minder dan in de Sovjet-Unie (US$88,7 miljard), in China (US$49,5 miljard), in de Verenigde Staten (US$42,6 miljard), in India (US$36,0 miljard) en in Japan (US$25,8 miljard). De toegevoegde waarde van de landbouw per hoofd in Puerto Rico was groter dan in India (US$58,3) en in China (US$54,2); maar minder dan in de Sovjet-Unie (US$351,8), in Japan (US$231,3) en in de Verenigde Staten (US$195,0). De groei van de landbouw in Puerto Rico was groter dan in China (2,4%), in Japan (0,52%), in de Verenigde Staten (0,34%) en in India (0,30%); maar minder dan in de Sovjet-Unie (7,0%).

de jaren 1980

De sector van de landbouw in Puerto Rico bedroeg in de jaren 1980 US$533,7 miljoen per jaar, stond op de 99e plaats in de wereld, en was vergelijkbaar met Burkina Faso (US$533,3 miljoen), Cambodja (US$532,5 miljoen), Guinee (US$540,0 miljoen). Het aandeel in de wereld was 0,059%, en 0,34% in Amerika.

Het aandeel van de landbouw in de economie van Puerto Rico was 2,6% in de jaren 1980, stond op de 159e plaats in de wereld.

De waarde van de landbouw per hoofd in Puerto Rico was $164,6 in de jaren 1980s, stond op de 96e plaats in de wereld, en was vergelijkbaar met Bhutan (US$164,6), Saint Kitts en Nevis (US$164,5), Irak (US$165,0). De waarde van de landbouw per hoofd in Puerto Rico was 11,8% lager dan de landbouw per hoofd van de bevolking in de wereld ($186,6), en was 30,7% lager dan de landbouw per hoofd van de bevolking in Amerika ($186,6).

De groei van de landbouw in Puerto Rico bedroeg 1.6% in de jaren 1980, stond op de 117e plaats in de wereld. De groei van de landbouw in Puerto Rico (1,6%) was minder dan de groei van de landbouw in de wereld (3,1%), was minder dan de groei van de landbouw in Amerika (2,6%).

Vergelijking met buren. De waarde van de landbouw in Puerto Rico was groter dan in Anguilla (US$1,3 miljoen) en in de Britse Maagdeneilanden (US$359,7 duizend); maar minder dan in de Dominicaanse Republiek (US$1,1 miljard). De toegevoegde waarde van de landbouw per hoofd in Puerto Rico was groter dan in de Britse Maagdeneilanden (US$25,9); maar minder dan in de Dominicaanse Republiek (US$177,5) en in Anguilla (US$166,7). De groei van de landbouw in Puerto Rico was minder dan in Anguilla (5,1%), in de Britse Maagdeneilanden (2,7%) en in de Dominicaanse Republiek (1,7%).

Vergelijking met leiders. De waarde van de landbouw in Puerto Rico was minder dan in de Sovjet-Unie (US$125,8 miljard), in China (US$94,9 miljard), in India (US$70,4 miljard), in de Verenigde Staten (US$68,7 miljard) en in Japan (US$49,7 miljard). De waarde van de landbouw per hoofd in Puerto Rico was groter dan in India (US$90,7) en in China (US$88,5); maar minder dan in de Sovjet-Unie (US$457,2), in Japan (US$410,0) en in de Verenigde Staten (US$286,8). De groei van de landbouw in Puerto Rico was groter dan in Japan (0,41%); maar minder dan in China (5,3%), in India (4,4%), in de Verenigde Staten (3,7%) en in de Sovjet-Unie (2,8%).

de jaren 1990

De waarde van de landbouw in Puerto Rico bedroeg in de jaren 1990 US$555,7 miljoen per jaar, stond op de 123e plaats in de wereld. Het aandeel in de wereld was 0,049%, en 0,25% in Amerika.

Het aandeel van de landbouw in de economie van Puerto Rico was 1,3% in de jaren 1990, stond op de 188e plaats in de wereld.

De sector van de landbouw per hoofd in Puerto Rico was $156,8 in de jaren 1990s, stond op de 125e plaats in de wereld, en was vergelijkbaar met Honduras (US$155,9), Turkmenistan (US$155,1), Kirgizië (US$155,0). De landbouw per hoofd in Puerto Rico was 21,5% lager dan de landbouw per hoofd van de bevolking in de wereld ($199,8), en was 45,7% lager dan de landbouw per hoofd van de bevolking in Amerika ($199,8).

De groei van de landbouw in Puerto Rico bedroeg -2.7% in de jaren 1990, stond op de 177e plaats in de wereld. De groei van de landbouw in Puerto Rico (-2,7%) was minder dan de groei van de landbouw in de wereld (2,2%), was minder dan de groei van de landbouw in Amerika (2,4%).

Vergelijking met buren. De landbouw van Puerto Rico was groter dan in Anguilla (US$3,2 miljoen) en in de Britse Maagdeneilanden (US$1,2 miljoen); maar minder dan in de Dominicaanse Republiek (US$1,5 miljard). De toegevoegde waarde van de landbouw per hoofd in Puerto Rico was groter dan in de Britse Maagdeneilanden (US$62,9); maar minder dan in Anguilla (US$322,5) en in de Dominicaanse Republiek (US$197,6). De groei van de landbouw in Puerto Rico was minder dan in de Britse Maagdeneilanden (9,3%), in de Dominicaanse Republiek (1,1%) en in Anguilla (-0,32%).

Vergelijking met leiders. De sector van de landbouw in Puerto Rico was minder dan in China (US$139,0 miljard), in de Verenigde Staten (US$96,1 miljard), in India (US$91,4 miljard), in Japan (US$78,9 miljard) en in Brazilië (US$36,8 miljard). De waarde van de landbouw per hoofd in Puerto Rico was groter dan in China (US$112,7) en in India (US$95,6); maar minder dan in Japan (US$625,5), in de Verenigde Staten (US$363,4) en in Brazilië (US$228,7). De groei van de landbouw in Puerto Rico was minder dan in China (4,3%), in Brazilië (3,0%), in India (2,8%), in de Verenigde Staten (2,6%) en in Japan (-1,8%).

de jaren 2000

De landbouw van Puerto Rico bedroeg in de jaren 2000 US$505,2 miljoen per jaar, stond op de 135e plaats in de wereld, en was vergelijkbaar met Mongolië (US$508,7 miljoen), Palestina (US$497,2 miljoen). Het aandeel in de wereld was 0,032%, en 0,18% in Amerika.

Het aandeel van de landbouw in de economie van Puerto Rico was 0,63% in de jaren 2000, stond op de 194e plaats in de wereld, en was vergelijkbaar met Curaçao (0,62%).

De toegevoegde waarde van de landbouw per hoofd in Puerto Rico was $138,9 in de jaren 2000s, stond op de 160e plaats in de wereld, en was vergelijkbaar met Palestina (US$139,4), Kameroen (US$139,6), Bolivia (US$140,0). De waarde van de landbouw per hoofd in Puerto Rico was 42,2% lager dan de landbouw per hoofd van de bevolking in de wereld ($240,3), en was in 2,4 keer lager dan de landbouw per hoofd van de bevolking in Amerika ($240,3).

De groei van de landbouw in Puerto Rico bedroeg 3.1% in de jaren 2000, stond op de 71e plaats in de wereld, en was vergelijkbaar met Noord-Macedonië (3,1%), Noorwegen (3,1%), Bolivia (3,1%). De groei van de landbouw in Puerto Rico (3,1%) was groter dan de groei van de landbouw in de wereld (3,0%), was groter dan de groei van de landbouw in Amerika (2,7%).

Vergelijking met buren. De toegevoegde waarde van de landbouw in Puerto Rico was groter dan in Anguilla (US$4,5 miljoen) en in de

Britse Maagdeneilanden (US$1,6 miljoen); maar minder dan in de Dominicaanse Republiek (US$2,2 miljard). De waarde van de landbouw per hoofd in Puerto Rico was groter dan in de Britse Maagdeneilanden (US$67,1); maar minder dan in Anguilla (US$369,6) en in de Dominicaanse Republiek (US$243,9). De groei van de landbouw in Puerto Rico was groter dan in Anguilla (0,83%) en in de Britse Maagdeneilanden (-2,2%); maar minder dan in de Dominicaanse Republiek (3,8%).

Vergelijking met leiders. De waarde van de landbouw in Puerto Rico was minder dan in China (US$297,7 miljard), in India (US$147,6 miljard), in de Verenigde Staten (US$122,5 miljard), in Japan (US$57,1 miljard) en in Nigeria (US$47,6 miljard). De toegevoegde waarde van de landbouw per hoofd in Puerto Rico was groter dan in India (US$129,7); maar minder dan in Japan (US$445,6), in de Verenigde Staten (US$416,9), in Nigeria (US$346,4) en in China (US$224,5). De groei van de landbouw in Puerto Rico was groter dan in India (2,0%) en in Japan (-1,3%); maar minder dan in Nigeria (10,1%), in China (4,0%) en in de Verenigde Staten (3,6%).

de jaren 2010

De toegevoegde waarde van de landbouw in Puerto Rico bedroeg in de jaren 2010 US$812,0 miljoen per jaar, stond op de 137e plaats in de wereld. Het aandeel in de wereld was 0,026%, en 0,17% in Amerika.

Het aandeel van de landbouw in de economie van Puerto Rico was 0,80% in de jaren 2010, stond op de 189e plaats in de wereld.

De landbouw per hoofd in Puerto Rico was $242,9 in de jaren 2010s, stond op de 149e plaats in de wereld, en was vergelijkbaar met Palestina (US$238,2). De toegevoegde waarde van de landbouw per hoofd in Puerto Rico was 43,8% lager dan de landbouw per hoofd van de bevolking in de wereld ($432,1), en was in 2,1 keer lager dan de landbouw per hoofd van de bevolking in Amerika ($432,1).

De groei van de landbouw in Puerto Rico bedroeg 0.4% in de jaren 2010, stond op de 153e plaats in de wereld. De groei van de landbouw in Puerto Rico (0,36%) was minder dan de groei van de landbouw in de wereld (2,9%), was minder dan de groei van de landbouw in Amerika (2,2%).

Vergelijking met buren. De landbouw van Puerto Rico was 127,9 keer groter dan in Anguilla (US$6,3 miljoen) en 467,8 keer groter dan in de Britse Maagdeneilanden (US$1,7 miljoen); maar 4,7 keer minder dan in de Dominicaanse Republiek (US$3,8 miljard). De waarde van de landbouw per hoofd in Puerto Rico was 4,1 keer groter dan in de Britse Maagdeneilanden (US$59,8); maar 45,7% minder dan in Anguilla (US$447,6) en 34,6% minder dan in de Dominicaanse Republiek (US$371,4). De groei van de landbouw in Puerto Rico was minder dan in de Dominicaanse Republiek (4,6%), in Anguilla (3,2%) en in de Britse Maagdeneilanden (0,60%).

Vergelijking met leiders. De waarde van de landbouw in Puerto Rico was 1.091,4 keer minder dan in China (US$886,2 miljard), 447,6 keer minder dan in India (US$363,4 miljard), 222,0 keer minder dan in de Verenigde Staten (US$180,3 miljard), 152,8 keer minder dan in Indonesië (US$124,1 miljard) en 117,9 keer minder dan in Nigeria (US$95,8 miljard). De toegevoegde waarde van de landbouw per hoofd in Puerto Rico was 2,6 keer minder dan in China (US$631,9), 2,3 keer minder dan in de Verenigde Staten (US$564,3), 2,2 keer minder dan in Nigeria (US$534,6), 49,8% minder dan in Indonesië (US$483,6) en 13,0% minder dan in India (US$279,1). De groei van de landbouw in Puerto Rico was minder dan in India (4,1%), in Indonesië (3,9%), in China (3,8%), in Nigeria (3,6%) en in de Verenigde Staten (2,0%).

Hoofdstuk V. Industrie

Mijnbouw, productie, nutsbedrijven (ISIC C-E)

De sector van de industrie in Puerto Rico steeg van US$2,9 miljard per jaar in de jaren 1970 tot US$50,2 miljard per jaar in de jaren 2010, dat wil zeggen met US$47,4 miljard of 17,5 keer. De verandering vond plaats op US$42,6 miljard als gevolg van een 6,6-voudige stijging van de prijzen, en ook op US$4,2 miljard als gevolg van een 2,2-voudige toename van de productiviteit , evenals op US$524,8 miljoen als gevolg van de toename van de bevolking. De gemiddelde jaarlijkse groei van de industrie is 2,4%. De minimumwaarde van de industrie bedroeg US$1,5 miljard in 1970. De maximumwaarde van de industrie bedroeg US$52,5 miljard in 2016.

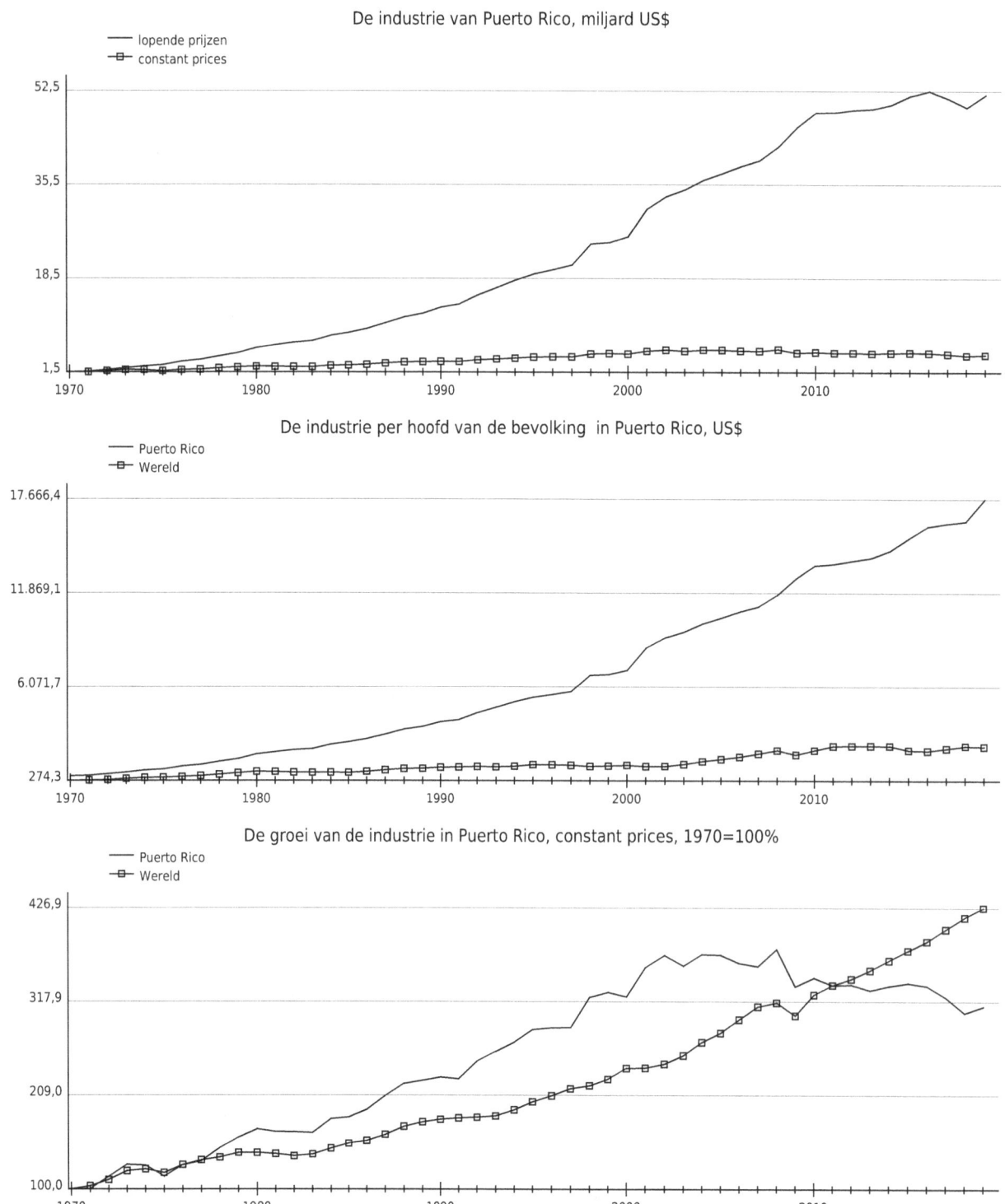

De industrie van Puerto Rico, miljard US$

De industrie per hoofd van de bevolking in Puerto Rico, US$

De groei van de industrie in Puerto Rico, constant prices, 1970=100%

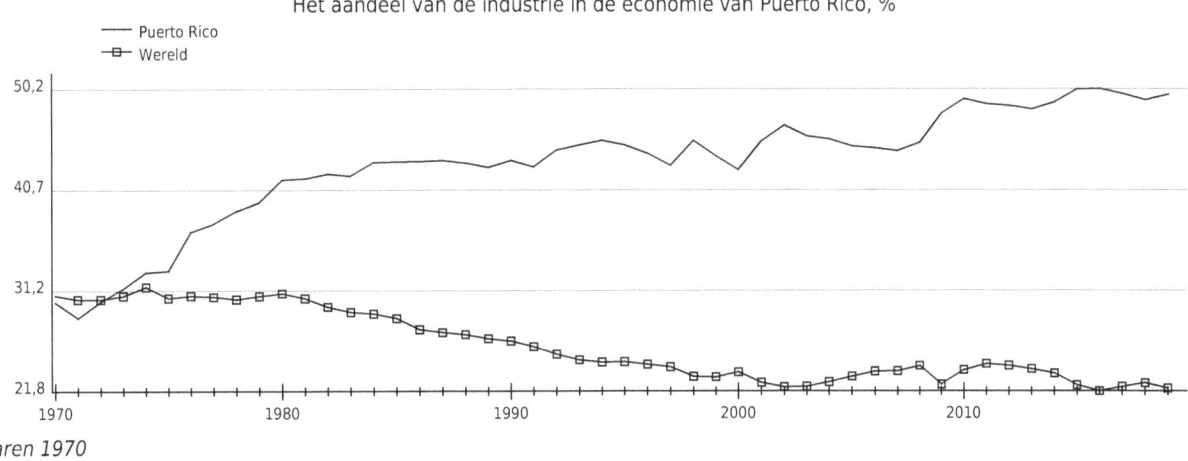

Het aandeel van de industrie in de economie van Puerto Rico, %

— Puerto Rico
–□– Wereld

de jaren 1970

De sector van de industrie in Puerto Rico bedroeg in de jaren 1970 US$2,9 miljard per jaar, stond op de 54e plaats in de wereld. Het aandeel in de wereld was 0,15%, en 0,47% in Amerika.

Het aandeel van de industrie in de economie van Puerto Rico was 34,9% in de jaren 1970, stond op de 33e plaats in de wereld, en was vergelijkbaar met Noord-Afrika (35,0%), Angola (35,1%), Oost-Azië (35,2%).

De sector van de industrie per hoofd in Puerto Rico was $1.017,8 in de jaren 1970s, stond op de 34e plaats in de wereld, en was vergelijkbaar met Venezuela (US$1.001,8). De sector van de industrie per hoofd in Puerto Rico was in 2,1 keer hoger dan de industrie per hoofd van de bevolking in de wereld ($480,5), en was 6,7% lager dan de industrie per hoofd van de bevolking in Amerika ($480,5).

De groei van de industrie in Puerto Rico bedroeg 5.4% in de jaren 1970, stond op de 81e plaats in de wereld, en was vergelijkbaar met Peru (5,4%), Cuba (5,4%), Portugal (5,4%). De groei van de industrie in Puerto Rico (5,4%) was groter dan de groei van de industrie in de wereld (4,0%), was groter dan de groei van de industrie in Amerika (3,2%).

Vergelijking met buren. De toegevoegde waarde van de industrie in Puerto Rico was groter dan in de Dominicaanse Republiek (US$1,5 miljard), in de Britse Maagdeneilanden (US$379,1 duizend) en in Anguilla (US$318,6 duizend). De waarde van de industrie per hoofd in Puerto Rico was groter dan in de Dominicaanse Republiek (US$302,6), in Anguilla (US$44,9) en in de Britse Maagdeneilanden (US$35,9). De groei van de industrie in Puerto Rico was groter dan in Anguilla (3,9%) en in de Britse Maagdeneilanden (2,2%); maar minder dan in de Dominicaanse Republiek (9,6%).

Vergelijking met leiders. De industrie van Puerto Rico was minder dan in de Verenigde Staten (US$450,4 miljard), in de Sovjet-Unie (US$248,8 miljard), in Japan (US$185,6 miljard), in Duitsland (US$158,4 miljard) en in het Verenigd Koninkrijk (US$72,6 miljard). De waarde van de industrie per hoofd in Puerto Rico was groter dan in de Sovjet-Unie (US$986,6); maar minder dan in de Verenigde Staten (US$2,1 duizend), in Duitsland (US$2,0 duizend), in Japan (US$1.666,5) en in het Verenigd Koninkrijk (US$1.295,1). De groei van de industrie in Puerto Rico was groter dan in de Sovjet-Unie (5,2%), in Japan (4,5%), in de Verenigde Staten (2,4%), in Duitsland (2,1%) en in het Verenigd Koninkrijk (1,9%).

de jaren 1980

De industrie van Puerto Rico bedroeg in de jaren 1980 US$8,7 miljard per jaar, stond op de 45e plaats in de wereld. Het aandeel in de wereld was 0,21%, en 0,63% in Amerika.

Het aandeel van de industrie in de economie van Puerto Rico was 42,8% in de jaren 1980, stond op de 11e plaats in de wereld, en was vergelijkbaar met Bulgarije (42,6%).

De waarde van de industrie per hoofd in Puerto Rico was $2.673,3 in de jaren 1980s, stond op de 28e plaats in de wereld. De industrie per hoofd in Puerto Rico was in 3,1 keer hoger dan de industrie per hoofd van de bevolking in de wereld ($861,8), en was 28,2% hoger dan de industrie per hoofd van de bevolking in Amerika ($861,8).

De groei van de industrie in Puerto Rico bedroeg 3.5% in de jaren 1980, stond op de 75e plaats in de wereld, en was vergelijkbaar met Azië (3,5%), Chili (3,6%). De groei van de industrie in Puerto Rico (3,5%) was groter dan de groei van de industrie in de wereld (2,3%), was groter dan de groei van de industrie in Amerika (1,9%).

Vergelijking met buren. De toegevoegde waarde van de industrie in Puerto Rico was groter dan in de Dominicaanse Republiek (US$2,8 miljard), in de Britse Maagdeneilanden (US$1,6 miljoen) en in Anguilla (US$1,3 miljoen). De waarde van de industrie per hoofd in Puerto Rico was groter dan in de Dominicaanse Republiek (US$437,0), in Anguilla (US$177,4) en in de Britse Maagdeneilanden (US$116,6). De groei van de industrie in Puerto Rico was groter dan in de Dominicaanse Republiek (2,5%); maar minder dan in de Britse Maagdeneilanden (13,0%) en in Anguilla (6,1%).

Vergelijking met leiders. De sector van de industrie in Puerto Rico was minder dan in de Verenigde Staten (US$1,0 biljoen), in Japan (US$566,4 miljard), in de Sovjet-Unie (US$305,7 miljard), in Duitsland (US$297,5 miljard) en in het Verenigd Koninkrijk (US$171,2 miljard). De waarde van de industrie per hoofd in Puerto Rico was groter dan in de Sovjet-Unie (US$1.110,8); maar minder dan in Japan (US$4,7 duizend), in de Verenigde Staten (US$4,2 duizend), in Duitsland (US$3,8 duizend) en in het Verenigd Koninkrijk (US$3,0 duizend). De groei van de industrie in Puerto Rico was groter dan in de Verenigde Staten (1,9%), in het Verenigd Koninkrijk (1,4%) en in Duitsland (1,2%); maar minder dan in de Sovjet-Unie (5,3%) en in Japan (4,2%).

de jaren 1990

De toegevoegde waarde van de industrie in Puerto Rico bedroeg in de jaren 1990 US$18,8 miljard per jaar, stond op de 39e plaats in de wereld, en was vergelijkbaar met Griekenland (US$18,5 miljard), Singapore (US$18,3 miljard). Het aandeel in de wereld was 0,28%, en 0,90% in Amerika.

Het aandeel van de industrie in de economie van Puerto Rico was 44,3% in de jaren 1990, stond op de 9e plaats in de wereld.

De waarde van de industrie per hoofd in Puerto Rico was $5.293,0 in de jaren 1990s, stond op de 18e plaats in de wereld, en was vergelijkbaar met Singapore (US$5,3 duizend). De toegevoegde waarde van de industrie per hoofd in Puerto Rico was in 4,5 keer hoger dan de industrie per hoofd van de bevolking in de wereld ($1.175,6), en was 95,7% hoger dan de industrie per hoofd van de bevolking in Amerika ($1.175,6).

De groei van de industrie in Puerto Rico bedroeg 3.8% in de jaren 1990, stond op de 76e plaats in de wereld, en was vergelijkbaar met Belize (3,8%). De groei van de industrie in Puerto Rico (3,8%) was groter dan de groei van de industrie in de wereld (2,5%), was groter dan de groei van de industrie in Amerika (2,8%).

Vergelijking met buren. De industrie van Puerto Rico was groter dan in de Dominicaanse Republiek (US$3,9 miljard), in de Britse Maagdeneilanden (US$16,4 miljoen) en in Anguilla (US$5,2 miljoen). De industrie per hoofd in Puerto Rico was groter dan in de Britse Maagdeneilanden (US$863,4), in Anguilla (US$523,6) en in de Dominicaanse Republiek (US$504,6). De groei van de industrie in Puerto Rico was minder dan in de Britse Maagdeneilanden (20,5%), in Anguilla (9,2%) en in de Dominicaanse Republiek (4,8%).

Vergelijking met leiders. De sector van de industrie in Puerto Rico was minder dan in de Verenigde Staten (US$1,5 biljoen), in Japan (US$1,2 biljoen), in Duitsland (US$534,0 miljard), in China (US$285,9 miljard) en in het Verenigd Koninkrijk (US$268,6 miljard). De industrie per hoofd in Puerto Rico was groter dan in het Verenigd Koninkrijk (US$4,6 duizend) en in China (US$231,9); maar minder dan in Japan (US$9,4 duizend), in Duitsland (US$6,6 duizend) en in de Verenigde Staten (US$5,7 duizend). De groei van de industrie in Puerto Rico was groter dan in de Verenigde Staten (2,8%), in Japan (1,3%), in het Verenigd Koninkrijk (1,2%) en in Duitsland (0,33%); maar minder dan in China (13,1%).

de jaren 2000

De industrie van Puerto Rico bedroeg in de jaren 2000 US$36,6 miljard per jaar, stond op de 41e plaats in de wereld, en was vergelijkbaar met Chili (US$36,6 miljard). Het aandeel in de wereld was 0,36%, en 1,2% in Amerika.

Het aandeel van de industrie in de economie van Puerto Rico was 45,3% in de jaren 2000, stond op de 15e plaats in de wereld.

De sector van de industrie per hoofd in Puerto Rico was $10.061,5 in de jaren 2000s, stond op de 10e plaats in de wereld. De toegevoegde waarde van de industrie per hoofd in Puerto Rico was in 6,4 keer hoger dan de industrie per hoofd van de bevolking in de wereld ($1.573,8), en was in 2,9 keer hoger dan de industrie per hoofd van de bevolking in Amerika ($1.573,8).

De groei van de industrie in Puerto Rico bedroeg 0.2% in de jaren 2000, stond op de 168e plaats in de wereld. De groei van de industrie in Puerto Rico (0,20%) was minder dan de groei van de industrie in de wereld (2,9%), was minder dan de groei van de industrie in Amerika (1,4%).

Vergelijking met buren. De industrie van Puerto Rico was groter dan in de Dominicaanse Republiek (US$7,0 miljard), in de Britse Maagdeneilanden (US$32,7 miljoen) en in Anguilla (US$16,7 miljoen). De toegevoegde waarde van de industrie per hoofd in Puerto

Rico was groter dan in de Britse Maagdeneilanden (US$1.412,8), in Anguilla (US$1.353,0) en in de Dominicaanse Republiek (US$774,3). De groei van de industrie in Puerto Rico was groter dan in de Britse Maagdeneilanden (0,13%); maar minder dan in Anguilla (7,9%) en in de Dominicaanse Republiek (1,7%).

Vergelijking met leiders. De industrie van Puerto Rico was minder dan in de Verenigde Staten (US$2,1 biljoen), in Japan (US$1,1 biljoen), in China (US$1,1 biljoen), in Duitsland (US$629,4 miljard) en in het Verenigd Koninkrijk (US$345,1 miljard). De sector van de industrie per hoofd in Puerto Rico was groter dan in Japan (US$8,8 duizend), in Duitsland (US$7,7 duizend), in de Verenigde Staten (US$7,1 duizend), in het Verenigd Koninkrijk (US$5,7 duizend) en in China (US$795,3). De groei van de industrie in Puerto Rico was groter dan in Duitsland (0,19%), in Japan (0,15%) en in het Verenigd Koninkrijk (-1,1%); maar minder dan in China (11,1%) en in de Verenigde Staten (1,5%).

de jaren 2010

De industrie van Puerto Rico bedroeg in de jaren 2010 US$50,2 miljard per jaar, stond op de 49e plaats in de wereld, en was vergelijkbaar met Roemenië (US$49,8 miljard), Peru (US$50,7 miljard). Het aandeel in de wereld was 0,30%, en 1,2% in Amerika.

Het aandeel van de industrie in de economie van Puerto Rico was 49,3% in de jaren 2010, stond op de 10e plaats in de wereld.

De sector van de industrie per hoofd in Puerto Rico was $15.022,9 in de jaren 2010s, stond op de 9e plaats in de wereld, en was vergelijkbaar met San Marino (US$15,0 duizend). De sector van de industrie per hoofd in Puerto Rico was in 6,5 keer hoger dan de industrie per hoofd van de bevolking in de wereld ($2.320,9), en was in 3,4 keer hoger dan de industrie per hoofd van de bevolking in Amerika ($2.320,9).

De groei van de industrie in Puerto Rico bedroeg -0.7% in de jaren 2010, stond op de 185e plaats in de wereld. De groei van de industrie in Puerto Rico (-0,71%) was minder dan de groei van de industrie in de wereld (3,5%), was minder dan de groei van de industrie in Amerika (1,8%).

Vergelijking met buren. De waarde van de industrie in Puerto Rico was 4,0 keer groter dan in de Dominicaanse Republiek (US$12,7 miljard), 1.085,2 keer groter dan in de Britse Maagdeneilanden (US$46,3 miljoen) en 2.946,4 keer groter dan in Anguilla (US$17,0 miljoen). De toegevoegde waarde van de industrie per hoofd in Puerto Rico was 9,4 keer groter dan in de Britse Maagdeneilanden (US$1.593,2), 12,1 keer groter dan in de Dominicaanse Republiek (US$1.242,5) en 12,5 keer groter dan in Anguilla (US$1.202,1). De groei van de industrie in Puerto Rico was groter dan in Anguilla (-2,8%); maar minder dan in de Dominicaanse Republiek (6,1%) en in de Britse Maagdeneilanden (0,0000%).

Vergelijking met leiders. De toegevoegde waarde van de industrie in Puerto Rico was 73,3 keer minder dan in China (US$3,7 biljoen), 54,6 keer minder dan in de Verenigde Staten (US$2,7 biljoen), 23,7 keer minder dan in Japan (US$1,2 biljoen), 16,7 keer minder dan in Duitsland (US$840,0 miljard) en 8,8 keer minder dan in India (US$443,4 miljard). De toegevoegde waarde van de industrie per hoofd in Puerto Rico was 46,4% groter dan in Duitsland (US$10,3 duizend), 61,4% groter dan in Japan (US$9,3 duizend), 75,1% groter dan in de Verenigde Staten (US$8,6 duizend), 5,7 keer groter dan in China (US$2,6 duizend) en 44,1 keer groter dan in India (US$340,6). De groei van de industrie in Puerto Rico was minder dan in China (7,5%), in India (6,5%), in Duitsland (3,2%), in Japan (2,6%) en in de Verenigde Staten (2,2%).

Hoofdstuk 5.1. Fabricage

(ISIC D)

De sector van de fabricage in Puerto Rico steeg van US$2,5 miljard per jaar in de jaren 1970 tot US$48,2 miljard per jaar in de jaren 2010, dat wil zeggen met US$45,6 miljard of 18,9 keer. De verandering vond plaats op US$40,2 miljard als gevolg van een 6,1-voudige stijging van de prijzen, en ook op US$4,9 miljard als gevolg van een 2,6-voudige toename van de productiviteit , evenals op US$464,5 miljoen als gevolg van de toename van de bevolking. De gemiddelde jaarlijkse groei van de fabricage is 2,9%. De minimumwaarde van de fabricage bedroeg US$1,3 miljard in 1970. De maximumwaarde van de fabricage bedroeg US$50,5 miljard in 2016.

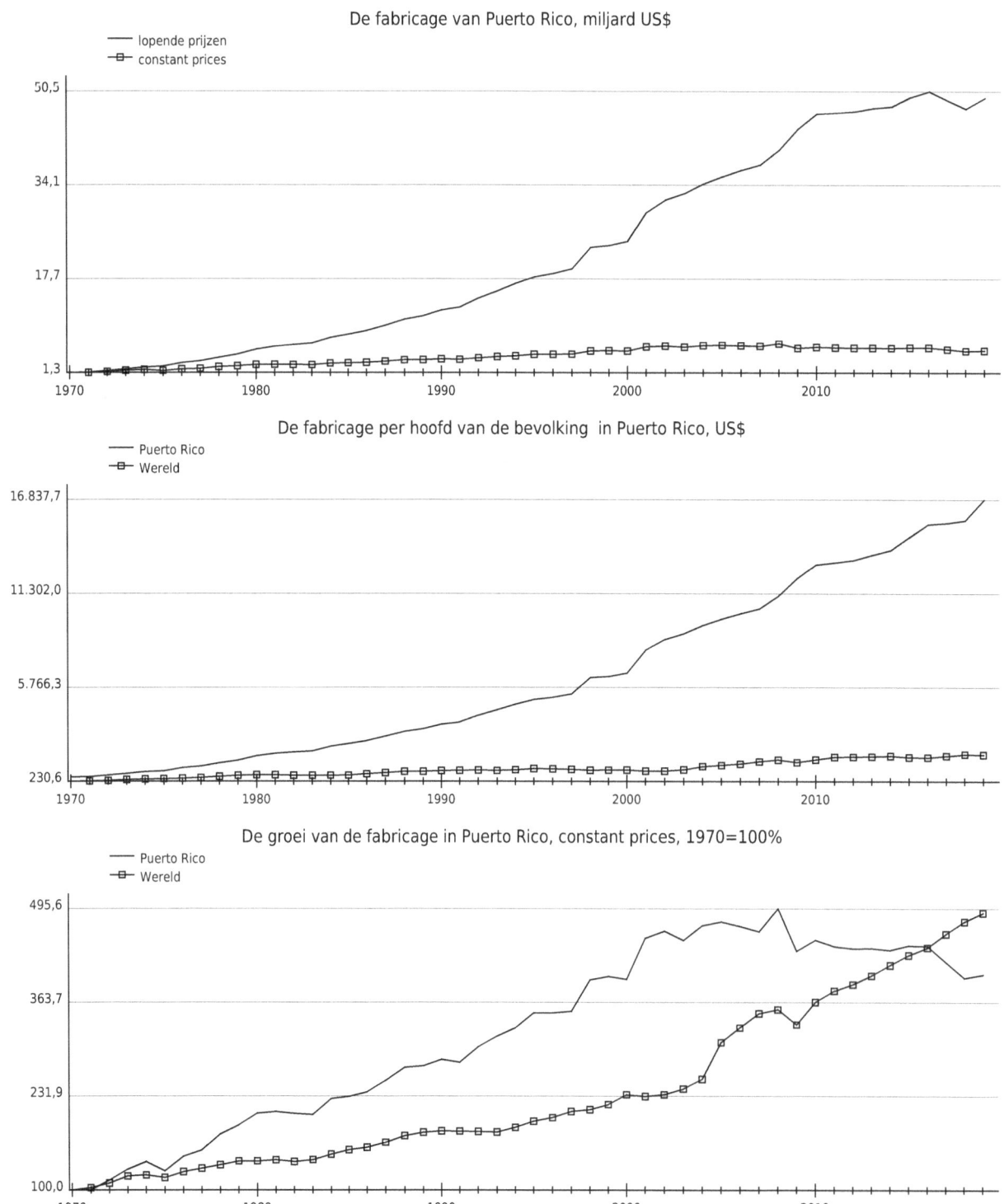

De fabricage van Puerto Rico, miljard US$

De fabricage per hoofd van de bevolking in Puerto Rico, US$

De groei van de fabricage in Puerto Rico, constant prices, 1970=100%

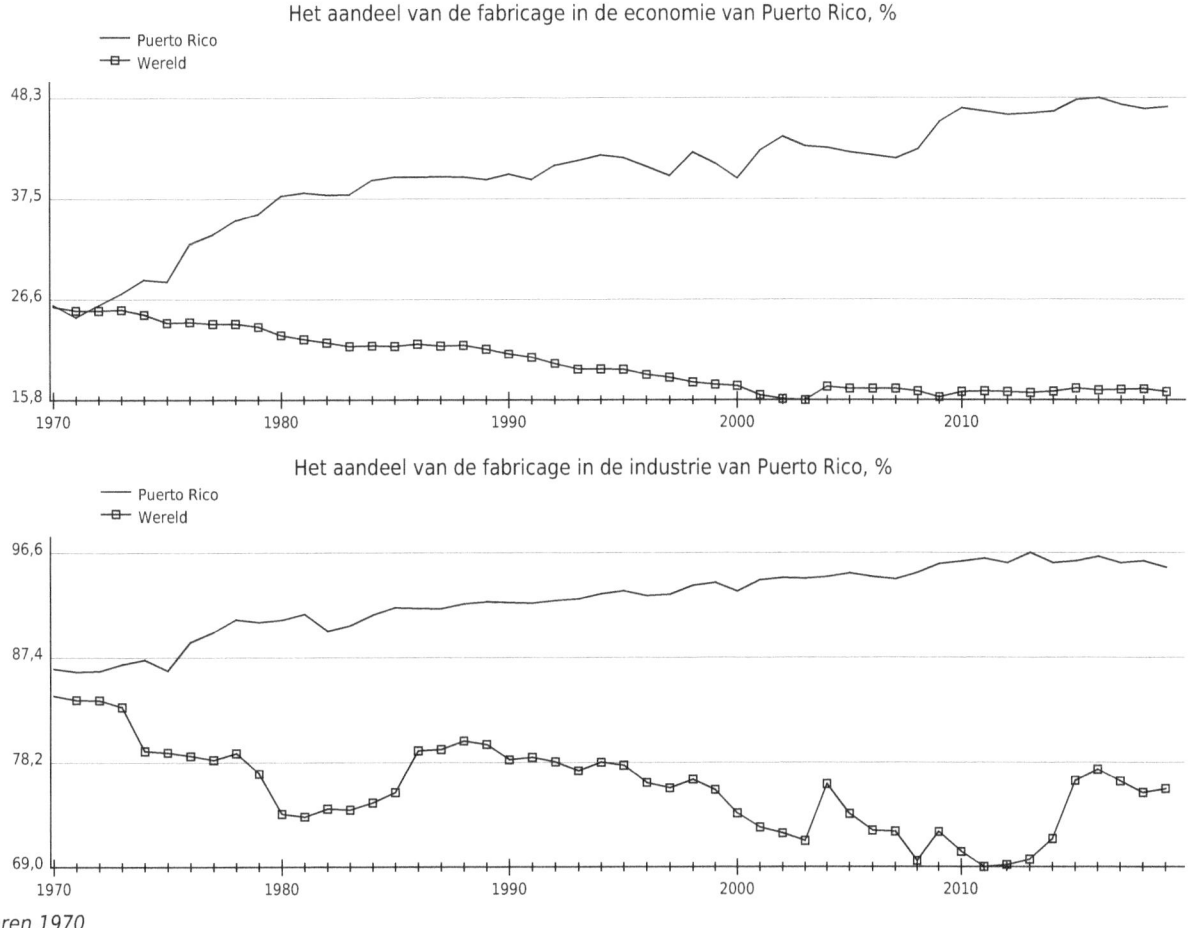

Het aandeel van de fabricage in de economie van Puerto Rico, %

Het aandeel van de fabricage in de industrie van Puerto Rico, %

de jaren 1970

De toegevoegde waarde van de fabricage in Puerto Rico bedroeg in de jaren 1970 US$2,5 miljard per jaar, stond op de 43e plaats in de wereld. Het aandeel in de wereld was 0,16%, en 0,51% in Amerika.

Het aandeel van de fabricage in de economie van Puerto Rico was 30,9% in de jaren 1970, stond op de 9e plaats in de wereld, en was vergelijkbaar met Polen (30,9%), Duitsland (31,0%), Japan (31,0%).

De toegevoegde waarde van de fabricage per hoofd in Puerto Rico was $900,9 in de jaren 1970s, stond op de 26e plaats in de wereld, en was vergelijkbaar met Amerika (US$896,7). De waarde van de fabricage per hoofd in Puerto Rico was in 2,4 keer hoger dan de fabricage per hoofd van de bevolking in de wereld ($383,2), en was 0,46% hoger dan de fabricage per hoofd van de bevolking in Amerika ($383,2).

De groei van de fabricage in Puerto Rico bedroeg 7.5% in de jaren 1970, stond op de 41e plaats in de wereld, en was vergelijkbaar met Bulgarije (7,4%). De groei van de fabricage in Puerto Rico (7,5%) was groter dan de groei van de fabricage in de wereld (3,8%), was groter dan de groei van de fabricage in Amerika (3,6%).

Vergelijking met buren. De waarde van de fabricage in Puerto Rico was groter dan in de Dominicaanse Republiek (US$1,4 miljard), in de Britse Maagdeneilanden (US$234,2 duizend) en in Anguilla (US$160,3 duizend). De toegevoegde waarde van de fabricage per hoofd in Puerto Rico was groter dan in de Dominicaanse Republiek (US$273,2), in Anguilla (US$22,6) en in de Britse Maagdeneilanden (US$22,2). De groei van de fabricage in Puerto Rico was groter dan in de Dominicaanse Republiek (7,0%), in Anguilla (3,8%) en in de Britse Maagdeneilanden (0,69%).

Vergelijking met leiders. De fabricage van Puerto Rico was minder dan in de Verenigde Staten (US$378,0 miljard), in de Sovjet-Unie (US$248,8 miljard), in Japan (US$169,3 miljard), in Duitsland (US$138,0 miljard) en in Frankrijk (US$64,5 miljard). De waarde van de fabricage per hoofd in Puerto Rico was minder dan in Duitsland (US$1.752,1), in de Verenigde Staten (US$1.731,8), in Japan (US$1.520,6), in Frankrijk (US$1.203,0) en in de Sovjet-Unie (US$986,6). De groei van de fabricage in Puerto Rico was groter dan in de Sovjet-Unie (5,2%), in Japan (4,5%), in Frankrijk (3,5%), in de Verenigde Staten (2,7%) en in Duitsland (2,1%).

de jaren 1980

De waarde van de fabricage in Puerto Rico bedroeg in de jaren 1980 US$7,9 miljard per jaar, stond op de 39e plaats in de wereld, en was vergelijkbaar met Saoedi-Arabië (US$8,0 miljard). Het aandeel in de wereld was 0,25%, en 0,75% in Amerika.

Het aandeel van de fabricage in de economie van Puerto Rico was 39,2% in de jaren 1980, stond op de 2e plaats in de wereld.

De fabricage per hoofd in Puerto Rico was $2.443,8 in de jaren 1980s, stond op de 14e plaats in de wereld, en was vergelijkbaar met Oostenrijk (US$2,4 duizend), België (US$2,4 duizend), Denemarken (US$2,4 duizend). De waarde van de fabricage per hoofd in Puerto Rico was in 3,7 keer hoger dan de fabricage per hoofd van de bevolking in de wereld ($661,2), en was 53,0% hoger dan de fabricage per hoofd van de bevolking in Amerika ($661,2).

De groei van de fabricage in Puerto Rico bedroeg 3.7% in de jaren 1980, stond op de 77e plaats in de wereld, en was vergelijkbaar met Marokko (3,6%). De groei van de fabricage in Puerto Rico (3,7%) was groter dan de groei van de fabricage in de wereld (2,6%), was groter dan de groei van de fabricage in Amerika (1,8%).

Vergelijking met buren. De toegevoegde waarde van de fabricage in Puerto Rico was groter dan in de Dominicaanse Republiek (US$2,5 miljard), in de Britse Maagdeneilanden (US$875,7 duizend) en in Anguilla (US$655,4 duizend). De waarde van de fabricage per hoofd in Puerto Rico was groter dan in de Dominicaanse Republiek (US$386,0), in Anguilla (US$86,8) en in de Britse Maagdeneilanden (US$63,2). De groei van de fabricage in Puerto Rico was groter dan in de Dominicaanse Republiek (3,3%); maar minder dan in de Britse Maagdeneilanden (11,9%) en in Anguilla (4,4%).

Vergelijking met leiders. De fabricage van Puerto Rico was minder dan in de Verenigde Staten (US$789,4 miljard), in Japan (US$501,0 miljard), in de Sovjet-Unie (US$305,7 miljard), in Duitsland (US$258,7 miljard) en in Italië (US$134,1 miljard). De toegevoegde waarde van de fabricage per hoofd in Puerto Rico was groter dan in Italië (US$2,4 duizend) en in de Sovjet-Unie (US$1.110,8); maar minder dan in Japan (US$4,1 duizend), in Duitsland (US$3,3 duizend) en in de Verenigde Staten (US$3,3 duizend). De groei van de fabricage in Puerto Rico was groter dan in Italië (2,5%), in de Verenigde Staten (1,9%) en in Duitsland (1,2%); maar minder dan in de Sovjet-Unie (5,3%) en in Japan (4,4%).

de jaren 1990

De toegevoegde waarde van de fabricage in Puerto Rico bedroeg in de jaren 1990 US$17,4 miljard per jaar, stond op de 32e plaats in de wereld, en was vergelijkbaar met Portugal (US$17,3 miljard), de Filipijnen (US$17,6 miljard), Iran (US$17,7 miljard). Het aandeel in de wereld was 0,34%, en 1,0% in Amerika.

Het aandeel van de fabricage in de economie van Puerto Rico was 41,2% in de jaren 1990, stond op de 2e plaats in de wereld, en was vergelijkbaar met Tadzjikistan (41,0%), Turkmenistan (41,4%).

De waarde van de fabricage per hoofd in Puerto Rico was $4.923,8 in de jaren 1990s, stond op de 10e plaats in de wereld, en was vergelijkbaar met Singapore (US$4,9 duizend), West-Europa (US$4,9 duizend), Finland (US$5,0 duizend). De sector van de fabricage per hoofd in Puerto Rico was in 5,4 keer hoger dan de fabricage per hoofd van de bevolking in de wereld ($908,4), en was in 2,3 keer hoger dan de fabricage per hoofd van de bevolking in Amerika ($908,4).

De groei van de fabricage in Puerto Rico bedroeg 3.8% in de jaren 1990, stond op de 73e plaats in de wereld, en was vergelijkbaar met Argentinië (3,8%). De groei van de fabricage in Puerto Rico (3,8%) was groter dan de groei van de fabricage in de wereld (2,0%), was groter dan de groei van de fabricage in Amerika (3,0%).

Vergelijking met buren. De fabricage van Puerto Rico was groter dan in de Dominicaanse Republiek (US$3,4 miljard), in de Britse Maagdeneilanden (US$12,1 miljoen) en in Anguilla (US$2,1 miljoen). De waarde van de fabricage per hoofd in Puerto Rico was groter dan in de Britse Maagdeneilanden (US$637,7), in de Dominicaanse Republiek (US$443,8) en in Anguilla (US$209,8). De groei van de fabricage in Puerto Rico was minder dan in de Britse Maagdeneilanden (27,5%), in Anguilla (11,1%) en in de Dominicaanse Republiek (5,7%).

Vergelijking met leiders. De fabricage van Puerto Rico was minder dan in de Verenigde Staten (US$1,2 biljoen), in Japan (US$1,0 biljoen), in Duitsland (US$468,8 miljard), in Italië (US$227,8 miljard) en in Frankrijk (US$215,0 miljard). De waarde van de fabricage per hoofd in Puerto Rico was groter dan in de Verenigde Staten (US$4,7 duizend), in Italië (US$4,0 duizend) en in Frankrijk (US$3,6 duizend); maar minder dan in Japan (US$8,3 duizend) en in Duitsland (US$5,8 duizend). De groei van de fabricage in Puerto Rico was groter dan in de Verenigde Staten (3,2%), in Frankrijk (2,4%), in Italië (1,2%), in Japan (1,1%) en in Duitsland (0,26%).

de jaren 2000

De waarde van de fabricage in Puerto Rico bedroeg in de jaren 2000 US$34,6 miljard per jaar, stond op de 29e plaats in de wereld, en was vergelijkbaar met Iran (US$34,0 miljard), Zuid-Afrika (US$33,9 miljard). Het aandeel in de wereld was 0,47%, en 1,5% in Amerika.

Het aandeel van de fabricage in de economie van Puerto Rico was 42,9% in de jaren 2000, stond op de 1e plaats in de wereld.

De toegevoegde waarde van de fabricage per hoofd in Puerto Rico was $9.513,1 in de jaren 2000s, stond op de 5e plaats in de wereld, en was vergelijkbaar met Ierland (US$9,6 duizend). De fabricage per hoofd in Puerto Rico was in 8,4 keer hoger dan de fabricage per hoofd van de bevolking in de wereld ($1.138,1), en was in 3,7 keer hoger dan de fabricage per hoofd van de bevolking in Amerika ($1.138,1).

De groei van de fabricage in Puerto Rico bedroeg 0.8% in de jaren 2000, stond op de 148e plaats in de wereld. De groei van de fabricage in Puerto Rico (0,84%) was minder dan de groei van de fabricage in de wereld (4,2%), was minder dan de groei van de fabricage in Amerika (1,4%).

Vergelijking met buren. De sector van de fabricage in Puerto Rico was groter dan in de Dominicaanse Republiek (US$6,0 miljard), in de Britse Maagdeneilanden (US$23,1 miljoen) en in Anguilla (US$6,3 miljoen). De toegevoegde waarde van de fabricage per hoofd in Puerto Rico was groter dan in de Britse Maagdeneilanden (US$997,8), in de Dominicaanse Republiek (US$662,6) en in Anguilla (US$508,4). De groei van de fabricage in Puerto Rico was groter dan in de Britse Maagdeneilanden (-1,9%); maar minder dan in Anguilla (8,5%) en in de Dominicaanse Republiek (2,1%).

Vergelijking met leiders. De fabricage van Puerto Rico was minder dan in de Verenigde Staten (US$1,6 biljoen), in China (US$1,1 biljoen), in Japan (US$992,9 miljard), in Duitsland (US$551,4 miljard) en in Italië (US$277,2 miljard). De toegevoegde waarde van de fabricage per hoofd in Puerto Rico was groter dan in Japan (US$7,7 duizend), in Duitsland (US$6,8 duizend), in de Verenigde Staten (US$5,6 duizend), in Italië (US$4,8 duizend) en in China (US$815,3). De groei van de fabricage in Puerto Rico was groter dan in Japan (0,32%), in Duitsland (0,097%) en in Italië (-1,3%); maar minder dan in de Verenigde Staten (1,6%).

de jaren 2010

De fabricage van Puerto Rico bedroeg in de jaren 2010 US$48,2 miljard per jaar, stond op de 33e plaats in de wereld, en was vergelijkbaar met Centraal-Azië (US$49,1 miljard), Tsjechië (US$49,3 miljard), Zuidelijk Afrika (US$47,1 miljard). Het aandeel in de wereld was 0,39%, en 1,6% in Amerika.

Het aandeel van de fabricage in de economie van Puerto Rico was 47,2% in de jaren 2010, stond op de 2e plaats in de wereld.

De toegevoegde waarde van de fabricage per hoofd in Puerto Rico was $14.406,6 in de jaren 2010s, stond op de 5e plaats in de wereld. De sector van de fabricage per hoofd in Puerto Rico was in 8,5 keer hoger dan de fabricage per hoofd van de bevolking in de wereld ($1.697,4), en was in 4,6 keer hoger dan de fabricage per hoofd van de bevolking in Amerika ($1.697,4).

De groei van de fabricage in Puerto Rico bedroeg -0.8% in de jaren 2010, stond op de 184e plaats in de wereld, en was vergelijkbaar met Libanon (-0,78%). De groei van de fabricage in Puerto Rico (-0,78%) was minder dan de groei van de fabricage in de wereld (3,9%), was minder dan de groei van de fabricage in Amerika (1,6%).

Vergelijking met buren. De toegevoegde waarde van de fabricage in Puerto Rico was 4,7 keer groter dan in de Dominicaanse Republiek (US$10,2 miljard), 1.907,8 keer groter dan in de Britse Maagdeneilanden (US$25,2 miljoen) en 8.386,0 keer groter dan in Anguilla (US$5,7 miljoen). De waarde van de fabricage per hoofd in Puerto Rico was 14,5 keer groter dan in de Dominicaanse Republiek (US$996,2), 16,6 keer groter dan in de Britse Maagdeneilanden (US$869,1) en 35,6 keer groter dan in Anguilla (US$405,0). De groei van de fabricage in Puerto Rico was groter dan in Anguilla (-5,0%); maar minder dan in de Dominicaanse Republiek (4,0%) en in de Britse Maagdeneilanden (1,5%).

Vergelijking met leiders. De sector van de fabricage in Puerto Rico was 64,7 keer minder dan in China (US$3,1 biljoen), 43,0 keer minder dan in de Verenigde Staten (US$2,1 biljoen), 22,0 keer minder dan in Japan (US$1,1 biljoen), 15,3 keer minder dan in Duitsland (US$735,2 miljard) en 8,1 keer minder dan in Zuid-Korea (US$390,5 miljard). De toegevoegde waarde van de fabricage per hoofd in Puerto Rico was 60,4% groter dan in Duitsland (US$9,0 duizend), 73,9% groter dan in Japan (US$8,3 duizend), 86,5% groter dan in Zuid-Korea (US$7,7 duizend), 2,2 keer groter dan in de Verenigde Staten (US$6,5 duizend) en 6,5 keer groter dan in China (US$2,2 duizend). De groei van de fabricage in Puerto Rico was minder dan in China (7,5%), in Zuid-Korea (3,8%), in Duitsland (3,5%), in Japan (3,0%) en in de Verenigde Staten (1,9%).

Hoofdstuk VI. Constructie

(ISIC F)

De constructie van Puerto Rico steeg van US$494,3 miljoen per jaar in de jaren 1970 tot US$1,1 miljard per jaar in de jaren 2010, dat wil zeggen met US$634,3 miljoen of 2,3 keer. De verandering vond plaats op US$821,4 miljoen als gevolg van een 3,7-voudige stijging van de prijzen, en ook op -US$277,2 miljoen als gevolg van een 1,9-voudige afname van de productiviteit , evenals op US$90,1 miljoen als gevolg van de toename van de bevolking. De gemiddelde jaarlijkse groei van de constructie is -1,6%. De minimumwaarde van de constructie bedroeg US$345,3 miljoen in 1983. De maximumwaarde van de constructie bedroeg US$2,2 miljard in 2004.

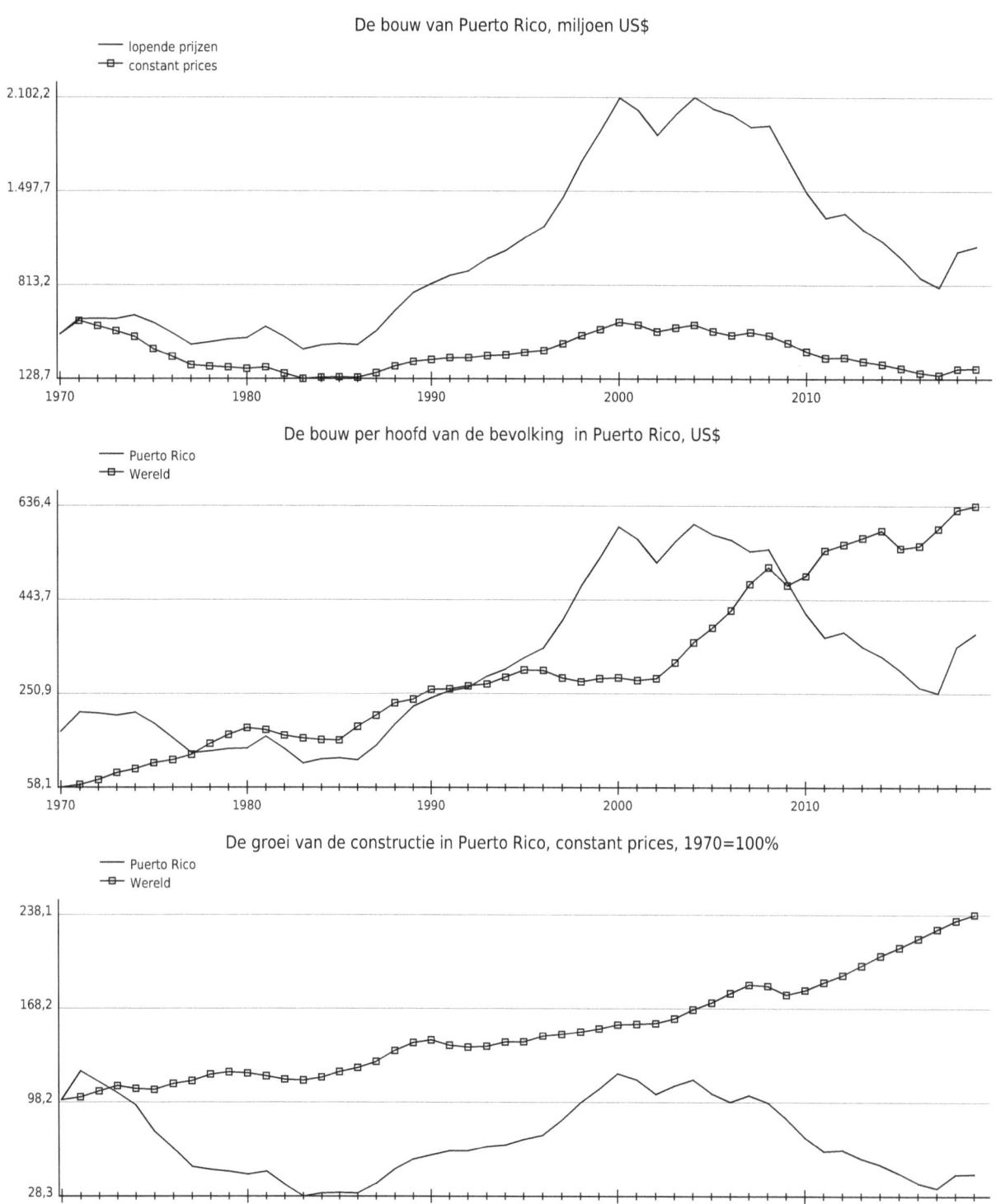

De bouw van Puerto Rico, miljoen US$

De bouw per hoofd van de bevolking in Puerto Rico, US$

De groei van de constructie in Puerto Rico, constant prices, 1970=100%

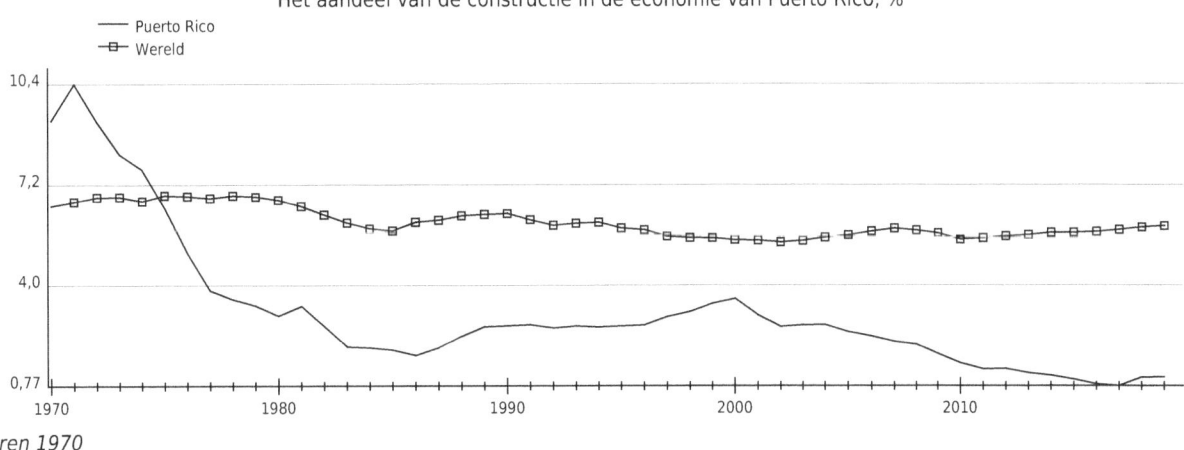

Het aandeel van de constructie in de economie van Puerto Rico, %

— Puerto Rico
-□- Wereld

de jaren 1970

De sector van de constructie in Puerto Rico bedroeg in de jaren 1970 US$494,3 miljoen per jaar, stond op de 56e plaats in de wereld, en was vergelijkbaar met Pakistan (US$496,0 miljoen). Het aandeel in de wereld was 0,12%, en 0,41% in Amerika.

Het aandeel van de constructie in de economie van Puerto Rico was 6,0% in de jaren 1970, stond op de 98e plaats in de wereld, en was vergelijkbaar met Marokko (6,0%), Liberia (6,0%), Zuid-Korea (6,0%).

De bouw per hoofd in Puerto Rico was $174,8 in de jaren 1970s, stond op de 49e plaats in de wereld, en was vergelijkbaar met Hongkong (US$174,1), Tsjecho-Slowakije (US$173,1). De toegevoegde waarde van de constructie per hoofd in Puerto Rico was 64,7% hoger dan de constructie per hoofd van de bevolking in de wereld ($106,1), en was 19,6% lager dan de constructie per hoofd van de bevolking in Amerika ($106,1).

De groei van de constructie in Puerto Rico bedroeg -8.1% in de jaren 1970, stond op de 183e plaats in de wereld. De groei van de constructie in Puerto Rico (-8,1%) was minder dan de groei van de constructie in de wereld (2,1%), was minder dan de groei van de constructie in Amerika (1,5%).

Vergelijking met buren. De waarde van de constructie in Puerto Rico was groter dan in de Dominicaanse Republiek (US$209,1 miljoen), in Anguilla (US$785,5 duizend) en in de Britse Maagdeneilanden (US$306,8 duizend). De waarde van de constructie per hoofd in Puerto Rico was groter dan in Anguilla (US$110,8), in de Dominicaanse Republiek (US$41,2) en in de Britse Maagdeneilanden (US$29,0). De groei van de constructie in Puerto Rico was minder dan in de Dominicaanse Republiek (10,8%), in Anguilla (3,8%) en in de Britse Maagdeneilanden (-8,0%).

Vergelijking met leiders. De bouw van Puerto Rico was minder dan in de Verenigde Staten (US$81,1 miljard), in de Sovjet-Unie (US$52,5 miljard), in Japan (US$43,5 miljard), in Duitsland (US$33,8 miljard) en in Frankrijk (US$22,4 miljard). De toegevoegde waarde van de constructie per hoofd in Puerto Rico was minder dan in Duitsland (US$428,6), in Frankrijk (US$417,3), in Japan (US$390,8), in de Verenigde Staten (US$371,5) en in de Sovjet-Unie (US$208,1). De groei van de constructie in Puerto Rico was minder dan in de Sovjet-Unie (6,5%), in Japan (3,4%), in Frankrijk (2,0%), in Duitsland (0,66%) en in de Verenigde Staten (0,31%).

de jaren 1980

De constructie van Puerto Rico bedroeg in de jaren 1980 US$472,2 miljoen per jaar, stond op de 69e plaats in de wereld, en was vergelijkbaar met Congo-Kinshasa (US$464,3 miljoen). Het aandeel in de wereld was 0,052%, en 0,18% in Amerika.

Het aandeel van de constructie in de economie van Puerto Rico was 2,3% in de jaren 1980, stond op de 173e plaats in de wereld.

De toegevoegde waarde van de constructie per hoofd in Puerto Rico was $145,6 in de jaren 1980s, stond op de 73e plaats in de wereld, en was vergelijkbaar met de Marshalleilanden (US$145,7), de Caraïben (US$143,1). De toegevoegde waarde van de constructie per hoofd in Puerto Rico was 21,8% lager dan de constructie per hoofd van de bevolking in de wereld ($186,2), en was in 2,7 keer lager dan de constructie per hoofd van de bevolking in Amerika ($186,2).

De groei van de constructie in Puerto Rico bedroeg 1.8% in de jaren 1980, stond op de 106e plaats in de wereld. De groei van de constructie in Puerto Rico (1,8%) was groter dan de groei van de constructie in de wereld (1,7%), was groter dan de groei van de constructie in Amerika (0,83%).

Vergelijking met buren. De toegevoegde waarde van de constructie in Puerto Rico was groter dan in Anguilla (US$3,6 miljoen) en in de Britse Maagdeneilanden (US$883,4 duizend); maar minder dan in de Dominicaanse Republiek (US$498,6 miljoen). De toegevoegde waarde van de constructie per hoofd in Puerto Rico was groter dan in de Dominicaanse Republiek (US$77,9) en in de Britse Maagdeneilanden (US$63,7); maar minder dan in Anguilla (US$478,5). De groei van de constructie in Puerto Rico was minder dan in de Britse Maagdeneilanden (9,6%), in Anguilla (8,4%) en in de Dominicaanse Republiek (6,6%).

Vergelijking met leiders. De constructie van Puerto Rico was minder dan in de Verenigde Staten (US$180,6 miljard), in Japan (US$138,7 miljard), in de Sovjet-Unie (US$72,1 miljard), in Duitsland (US$57,8 miljard) en in Frankrijk (US$42,5 miljard). De sector van de constructie per hoofd in Puerto Rico was minder dan in Japan (US$1.143,9), in de Verenigde Staten (US$754,4), in Frankrijk (US$751,9), in Duitsland (US$740,2) en in de Sovjet-Unie (US$262,0). De groei van de constructie in Puerto Rico was groter dan in de Verenigde Staten (1,1%), in Frankrijk (0,67%) en in Duitsland (-0,52%); maar minder dan in de Sovjet-Unie (6,2%) en in Japan (2,1%).

de jaren 1990

De sector van de constructie in Puerto Rico bedroeg in de jaren 1990 US$1,2 miljard per jaar, stond op de 60e plaats in de wereld, en was vergelijkbaar met Nigeria (US$1,2 miljard). Het aandeel in de wereld was 0,077%, en 0,28% in Amerika.

Het aandeel van de constructie in de economie van Puerto Rico was 2,9% in de jaren 1990, stond op de 187e plaats in de wereld, en was vergelijkbaar met Fiji (2,9%), Koeweit (2,9%).

De waarde van de constructie per hoofd in Puerto Rico was $344,2 in de jaren 1990s, stond op de 59e plaats in de wereld. De toegevoegde waarde van de constructie per hoofd in Puerto Rico was 23,5% hoger dan de constructie per hoofd van de bevolking in de wereld ($278,6), en was 39,0% lager dan de constructie per hoofd van de bevolking in Amerika ($278,6).

De groei van de constructie in Puerto Rico bedroeg 6.8% in de jaren 1990, stond op de 38e plaats in de wereld, en was vergelijkbaar met Burkina Faso (6,8%). De groei van de constructie in Puerto Rico (6,8%) was groter dan de groei van de constructie in de wereld (0,71%), was groter dan de groei van de constructie in Amerika (1,8%).

Vergelijking met buren. De bouw van Puerto Rico was groter dan in de Dominicaanse Republiek (US$1,1 miljard), in Anguilla (US$10,1 miljoen) en in de Britse Maagdeneilanden (US$9,0 miljoen). De sector van de constructie per hoofd in Puerto Rico was groter dan in de Dominicaanse Republiek (US$141,1); maar minder dan in Anguilla (US$1.028,2) en in de Britse Maagdeneilanden (US$472,7). De groei van de constructie in Puerto Rico was groter dan in de Dominicaanse Republiek (5,2%) en in Anguilla (3,8%); maar minder dan in de Britse Maagdeneilanden (24,0%).

Vergelijking met leiders. De bouw van Puerto Rico was minder dan in Japan (US$343,2 miljard), in de Verenigde Staten (US$299,1 miljard), in Duitsland (US$125,2 miljard), in het Verenigd Koninkrijk (US$69,8 miljard) en in Frankrijk (US$68,8 miljard). De waarde van de constructie per hoofd in Puerto Rico was minder dan in Japan (US$2,7 duizend), in Duitsland (US$1.552,3), in het Verenigd Koninkrijk (US$1.205,1), in Frankrijk (US$1.158,8) en in de Verenigde Staten (US$1.131,2). De groei van de constructie in Puerto Rico was groter dan in de Verenigde Staten (1,8%), in Duitsland (-0,047%), in het Verenigd Koninkrijk (-0,34%), in Frankrijk (-0,65%) en in Japan (-1,0%).

de jaren 2000

De bouw van Puerto Rico bedroeg in de jaren 2000 US$2,0 miljard per jaar, stond op de 68e plaats in de wereld, en was vergelijkbaar met Litouwen (US$2,0 miljard), Irak (US$2,0 miljard). Het aandeel in de wereld was 0,082%, en 0,25% in Amerika.

Het aandeel van de constructie in de economie van Puerto Rico was 2,5% in de jaren 2000, stond op de 198e plaats in de wereld, en was vergelijkbaar met de Salomonseilanden (2,5%).

De waarde van de constructie per hoofd in Puerto Rico was $556,3 in de jaren 2000s, stond op de 69e plaats in de wereld, en was vergelijkbaar met Polen (US$553,8), Oman (US$551,7), Venezuela (US$563,8). De toegevoegde waarde van de constructie per hoofd in Puerto Rico was 45,9% hoger dan de constructie per hoofd van de bevolking in de wereld ($381,3), en was 40,2% lager dan de constructie per hoofd van de bevolking in Amerika ($381,3).

De groei van de constructie in Puerto Rico bedroeg -2.2% in de jaren 2000, stond op de 199e plaats in de wereld. De groei van de constructie in Puerto Rico (-2,2%) was minder dan de groei van de constructie in de wereld (1,5%), was minder dan de groei van de constructie in Amerika (-0,96%).

Vergelijking met buren. De toegevoegde waarde van de constructie in Puerto Rico was groter dan in Anguilla (US$26,9 miljoen) en in de Britse Maagdeneilanden (US$23,5 miljoen); maar minder dan in de Dominicaanse Republiek (US$3,0 miljard). De bouw per hoofd in Puerto Rico was groter dan in de Dominicaanse Republiek (US$333,2); maar minder dan in Anguilla (US$2,2 duizend) en in de Britse Maagdeneilanden (US$1.016,8). De groei van de constructie in Puerto Rico was minder dan in Anguilla (2,3%), in de Dominicaanse Republiek (0,81%) en in de Britse Maagdeneilanden (0,63%).

Vergelijking met leiders. De waarde van de constructie in Puerto Rico was minder dan in de Verenigde Staten (US$583,0 miljard), in Japan (US$270,5 miljard), in China (US$150,1 miljard), in het Verenigd Koninkrijk (US$132,1 miljard) en in Spanje (US$111,8 miljard). De toegevoegde waarde van de constructie per hoofd in Puerto Rico was groter dan in China (US$113,1); maar minder dan in Spanje (US$2,6 duizend), in het Verenigd Koninkrijk (US$2,2 duizend), in Japan (US$2,1 duizend) en in de Verenigde Staten (US$1.983,7). De groei van de constructie in Puerto Rico was groter dan in de Verenigde Staten (-2,6%) en in Japan (-3,9%); maar minder dan in China (11,9%), in Spanje (1,7%) en in het Verenigd Koninkrijk (0,17%).

de jaren 2010

De sector van de constructie in Puerto Rico bedroeg in de jaren 2010 US$1,1 miljard per jaar, stond op de 113e plaats in de wereld, en was vergelijkbaar met Nieuw-Caledonië (US$1,1 miljard). Het aandeel in de wereld was 0,027%, en 0,097% in Amerika.

Het aandeel van de constructie in de economie van Puerto Rico was 1,1% in de jaren 2010, stond op de 210e plaats in de wereld, en was vergelijkbaar met Guinee-Bissau (1,1%).

De toegevoegde waarde van de constructie per hoofd in Puerto Rico was $337,6 in de jaren 2010s, stond op de 115e plaats in de wereld, en was vergelijkbaar met Bulgarije (US$339,6), Tuvalu (US$340,2), Irak (US$331,5). De toegevoegde waarde van de constructie per hoofd in Puerto Rico was 41,0% lager dan de constructie per hoofd van de bevolking in de wereld ($572,1), en was in 3,5 keer lager dan de constructie per hoofd van de bevolking in Amerika ($572,1).

De groei van de constructie in Puerto Rico bedroeg -6.3% in de jaren 2010, stond op de 200e plaats in de wereld, en was vergelijkbaar met San Marino (-6,3%). De groei van de constructie in Puerto Rico (-6,3%) was minder dan de groei van de constructie in de wereld (2,9%), was minder dan de groei van de constructie in Amerika (1,3%).

Vergelijking met buren. De toegevoegde waarde van de constructie in Puerto Rico was 42,0 keer groter dan in de Britse Maagdeneilanden (US$26,9 miljoen) en 52,3 keer groter dan in Anguilla (US$21,6 miljoen); maar 6,6 keer minder dan in de Dominicaanse Republiek (US$7,4 miljard). De sector van de constructie per hoofd in Puerto Rico was 4,5 keer minder dan in Anguilla (US$1.522,6), 2,7 keer minder dan in de Britse Maagdeneilanden (US$925,8) en 2,1 keer minder dan in de Dominicaanse Republiek (US$723,3). De groei van de constructie in Puerto Rico was minder dan in de Britse Maagdeneilanden (7,5%), in de Dominicaanse Republiek (7,4%) en in Anguilla (-1,9%).

Vergelijking met leiders. De sector van de constructie in Puerto Rico was 647,8 keer minder dan in China (US$731,1 miljard), 603,2 keer minder dan in de Verenigde Staten (US$680,8 miljard), 246,9 keer minder dan in Japan (US$278,7 miljard), 148,9 keer minder dan in India (US$168,1 miljard) en 135,8 keer minder dan in Duitsland (US$153,2 miljard). De sector van de constructie per hoofd in Puerto Rico was 2,6 keer groter dan in India (US$129,1); maar 6,5 keer minder dan in Japan (US$2,2 duizend), 6,3 keer minder dan in de Verenigde Staten (US$2,1 duizend), 5,5 keer minder dan in Duitsland (US$1.871,9) en 35,2% minder dan in China (US$521,3). De groei van de constructie in Puerto Rico was minder dan in China (8,2%), in India (5,2%), in Duitsland (1,8%), in Japan (1,7%) en in de Verenigde Staten (1,4%).

Hoofdstuk VII. Vervoer

Transport, opslag en communicatie (ISIC I)

De waarde van het transport in Puerto Rico steeg van US$336,9 miljoen per jaar in de jaren 1970 tot US$3,5 miljard per jaar in de jaren 2010, dat wil zeggen met US$3,1 miljard of 10,3 keer. De verandering vond plaats op US$2,3 miljard als gevolg van een 2,9-voudige stijging van de prijzen, en ook op US$815,2 miljoen als gevolg van een 3,0-voudige toename van de productiviteit , evenals op US$61,4 miljoen als gevolg van de toename van de bevolking. De gemiddelde jaarlijkse groei van het transport is 2,9%. De minimumwaarde van het transport bedroeg US$189,3 miljoen in 1970. De maximumwaarde van het transport bedroeg US$4,0 miljard in 2016.

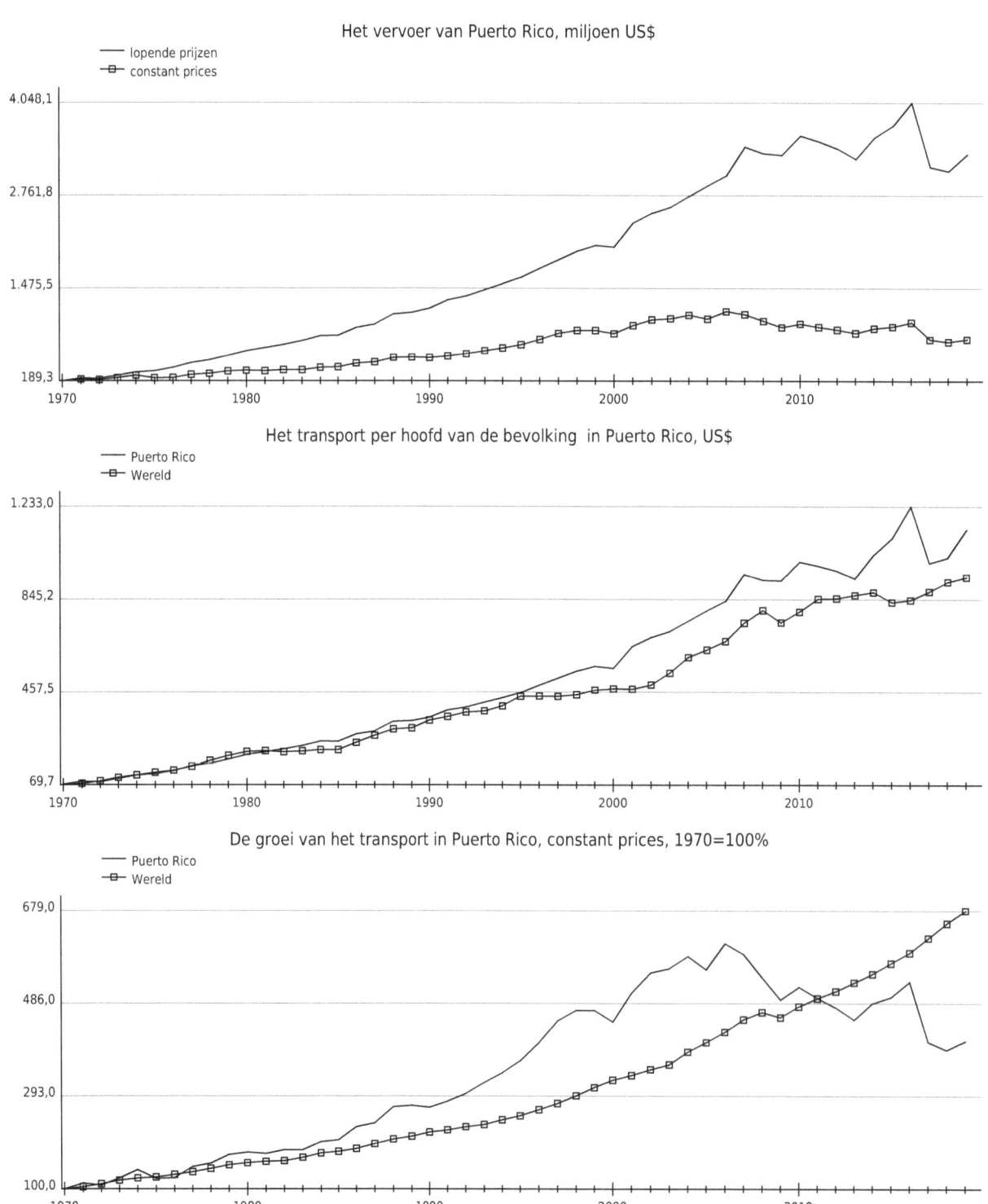

Het vervoer van Puerto Rico, miljoen US$

Het transport per hoofd van de bevolking in Puerto Rico, US$

De groei van het transport in Puerto Rico, constant prices, 1970=100%

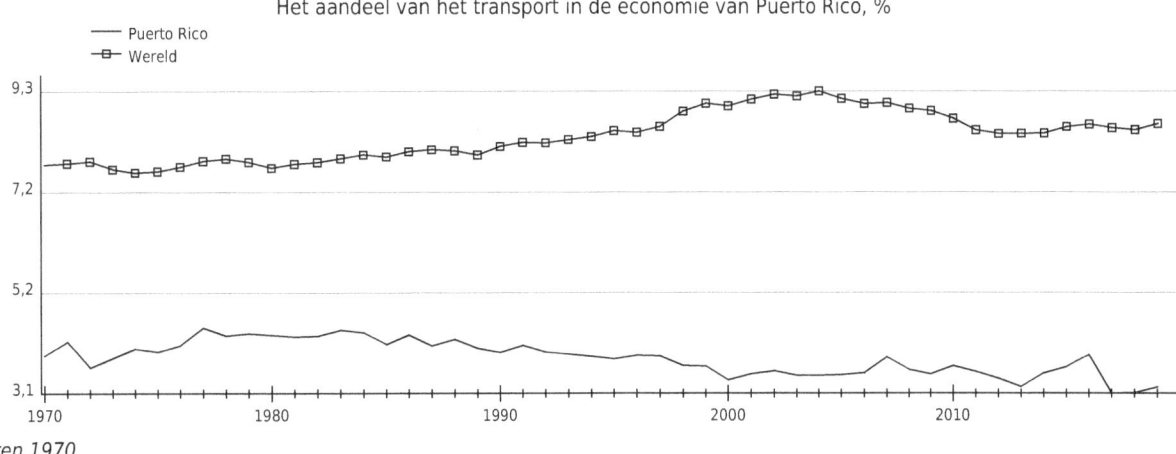

Het aandeel van het transport in de economie van Puerto Rico, %

de jaren 1970

De toegevoegde waarde van het transport in Puerto Rico bedroeg in de jaren 1970 US$336,9 miljoen per jaar, stond op de 67e plaats in de wereld. Het aandeel in de wereld was 0,068%, en 0,17% in Amerika.

Het aandeel van het transport in de economie van Puerto Rico was 4,1% in de jaren 1970, stond op de 153e plaats in de wereld, en was vergelijkbaar met Palau (4,1%).

De toegevoegde waarde van het transport per hoofd in Puerto Rico was $119,1 in de jaren 1970s, stond op de 55e plaats in de wereld, en was vergelijkbaar met Joegoslavië (US$118,4), Zuidelijk Afrika (US$121,2). Het transport per hoofd in Puerto Rico was 2,6% lager dan het transport per hoofd van de bevolking in de wereld ($122,3), en was in 3,0 keer lager dan het transport per hoofd van de bevolking in Amerika ($122,3).

De groei van het transport in Puerto Rico bedroeg 6.1% in de jaren 1970, stond op de 78e plaats in de wereld, en was vergelijkbaar met India (6,1%). De groei van het transport in Puerto Rico (6,1%) was groter dan de groei van het transport in de wereld (4,6%), was groter dan de groei van het transport in Amerika (4,9%).

Vergelijking met buren. De sector van het transport in Puerto Rico was groter dan in de Dominicaanse Republiek (US$307,3 miljoen), in de Britse Maagdeneilanden (US$897,3 duizend) en in Anguilla (US$693,1 duizend). De sector van het transport per hoofd in Puerto Rico was groter dan in Anguilla (US$97,7), in de Britse Maagdeneilanden (US$84,9) en in de Dominicaanse Republiek (US$60,5). De groei van het transport in Puerto Rico was groter dan in Anguilla (3,8%); maar minder dan in de Dominicaanse Republiek (7,7%) en in de Britse Maagdeneilanden (7,4%).

Vergelijking met leiders. De toegevoegde waarde van het transport in Puerto Rico was minder dan in de Verenigde Staten (US$168,6 miljard), in Japan (US$46,4 miljard), in Duitsland (US$29,6 miljard), in de Sovjet-Unie (US$28,8 miljard) en in Frankrijk (US$24,0 miljard). De waarde van het transport per hoofd in Puerto Rico was groter dan in de Sovjet-Unie (US$114,0); maar minder dan in de Verenigde Staten (US$772,4), in Frankrijk (US$447,4), in Japan (US$416,6) en in Duitsland (US$376,1). De groei van het transport in Puerto Rico was groter dan in de Verenigde Staten (4,2%), in Frankrijk (4,1%), in Duitsland (3,0%) en in Japan (1,7%); maar minder dan in de Sovjet-Unie (8,1%).

de jaren 1980

Het vervoer van Puerto Rico bedroeg in de jaren 1980 US$849,0 miljoen per jaar, stond op de 64e plaats in de wereld. Het aandeel in de wereld was 0,073%, en 0,18% in Amerika.

Het aandeel van het transport in de economie van Puerto Rico was 4,2% in de jaren 1980, stond op de 155e plaats in de wereld, en was vergelijkbaar met Nieuw-Caledonië (4,2%), Angola (4,2%).

De toegevoegde waarde van het transport per hoofd in Puerto Rico was $261,9 in de jaren 1980s, stond op de 58e plaats in de wereld. Het vervoer per hoofd in Puerto Rico was 8,2% hoger dan het transport per hoofd van de bevolking in de wereld ($242,0), en was in 2,7 keer lager dan het transport per hoofd van de bevolking in Amerika ($242,0).

De groei van het transport in Puerto Rico bedroeg 4.8% in de jaren 1980, stond op de 57e plaats in de wereld, en was vergelijkbaar met Koeweit (4,8%), Roemenië (4,8%). De groei van het transport in Puerto Rico (4,8%) was groter dan de groei van het transport in de wereld (3,4%), was groter dan de groei van het transport in Amerika (3,5%).

Vergelijking met buren. De sector van het transport in Puerto Rico was groter dan in de Dominicaanse Republiek (US$550,4 miljoen), in Anguilla (US$3,0 miljoen) en in de Britse Maagdeneilanden (US$3,0 miljoen). De toegevoegde waarde van het transport per hoofd in Puerto Rico was groter dan in de Britse Maagdeneilanden (US$217,9) en in de Dominicaanse Republiek (US$86,0); maar minder dan in Anguilla (US$402,5). De groei van het transport in Puerto Rico was groter dan in de Dominicaanse Republiek (4,0%); maar minder dan in de Britse Maagdeneilanden (10,0%) en in Anguilla (6,7%).

Vergelijking met leiders. De toegevoegde waarde van het transport in Puerto Rico was minder dan in de Verenigde Staten (US$394,9 miljard), in Japan (US$147,7 miljard), in Duitsland (US$56,6 miljard), in Frankrijk (US$56,2 miljard) en in het Verenigd Koninkrijk (US$53,0 miljard). Het vervoer per hoofd in Puerto Rico was minder dan in de Verenigde Staten (US$1.649,2), in Japan (US$1.217,8), in Frankrijk (US$993,7), in het Verenigd Koninkrijk (US$938,7) en in Duitsland (US$725,5). De groei van het transport in Puerto Rico was groter dan in Japan (4,7%), in de Verenigde Staten (3,6%), in het Verenigd Koninkrijk (3,0%) en in Duitsland (1,8%); maar minder dan in Frankrijk (5,4%).

de jaren 1990

De sector van het transport in Puerto Rico bedroeg in de jaren 1990 US$1,6 miljard per jaar, stond op de 61e plaats in de wereld, en was vergelijkbaar met Ecuador (US$1,6 miljard), Syrië (US$1,6 miljard). Het aandeel in de wereld was 0,069%, en 0,19% in Amerika.

Het aandeel van het transport in de economie van Puerto Rico was 3,8% in de jaren 1990, stond op de 191e plaats in de wereld.

De sector van het transport per hoofd in Puerto Rico was $456,2 in de jaren 1990s, stond op de 62e plaats in de wereld. De waarde van het transport per hoofd in Puerto Rico was 11,4% hoger dan het transport per hoofd van de bevolking in de wereld ($409,5), en was in 2,4 keer lager dan het transport per hoofd van de bevolking in Amerika ($409,5).

De groei van het transport in Puerto Rico bedroeg 5.6% in de jaren 1990, stond op de 65e plaats in de wereld, en was vergelijkbaar met Lesotho (5,6%). De groei van het transport in Puerto Rico (5,6%) was groter dan de groei van het transport in de wereld (4,0%), was groter dan de groei van het transport in Amerika (4,7%).

Vergelijking met buren. De toegevoegde waarde van het transport in Puerto Rico was groter dan in de Dominicaanse Republiek (US$994,3 miljoen), in de Britse Maagdeneilanden (US$34,8 miljoen) en in Anguilla (US$10,0 miljoen). De toegevoegde waarde van het transport per hoofd in Puerto Rico was groter dan in de Dominicaanse Republiek (US$128,4); maar minder dan in de Britse Maagdeneilanden (US$1.831,6) en in Anguilla (US$1.011,8). De groei van het transport in Puerto Rico was minder dan in de Britse Maagdeneilanden (21,2%), in de Dominicaanse Republiek (9,4%) en in Anguilla (8,7%).

Vergelijking met leiders. De sector van het transport in Puerto Rico was minder dan in de Verenigde Staten (US$702,6 miljard), in Japan (US$373,9 miljard), in Duitsland (US$144,3 miljard), in Frankrijk (US$118,7 miljard) en in het Verenigd Koninkrijk (US$117,6 miljard). Het transport per hoofd in Puerto Rico was minder dan in Japan (US$3,0 duizend), in de Verenigde Staten (US$2,7 duizend), in het Verenigd Koninkrijk (US$2,0 duizend), in Frankrijk (US$1.999,2) en in Duitsland (US$1.789,0). De groei van het transport in Puerto Rico was groter dan in de Verenigde Staten (5,0%), in Frankrijk (4,8%), in het Verenigd Koninkrijk (4,7%), in Duitsland (3,9%) en in Japan (3,0%).

de jaren 2000

De toegevoegde waarde van het transport in Puerto Rico bedroeg in de jaren 2000 US$2,8 miljard per jaar, stond op de 72e plaats in de wereld. Het aandeel in de wereld was 0,070%, en 0,19% in Amerika.

Het aandeel van het transport in de economie van Puerto Rico was 3,5% in de jaren 2000, stond op de 204e plaats in de wereld.

De waarde van het transport per hoofd in Puerto Rico was $778,4 in de jaren 2000s, stond op de 70e plaats in de wereld, en was vergelijkbaar met Trinidad en Tobago (US$775,8), Panama (US$782,5). De toegevoegde waarde van het transport per hoofd in Puerto Rico was 25,3% hoger dan het transport per hoofd van de bevolking in de wereld ($621,1), en was in 2,2 keer lager dan het transport per hoofd van de bevolking in Amerika ($621,1).

De groei van het transport in Puerto Rico bedroeg 0.5% in de jaren 2000, stond op de 195e plaats in de wereld. De groei van het transport in Puerto Rico (0,46%) was minder dan de groei van het transport in de wereld (3,9%), was minder dan de groei van het transport in Amerika (3,2%).

Vergelijking met buren. De sector van het transport in Puerto Rico was groter dan in de Britse Maagdeneilanden (US$83,9 miljoen) en in Anguilla (US$21,9 miljoen); maar minder dan in de Dominicaanse Republiek (US$2,9 miljard). De toegevoegde waarde van het transport per hoofd in Puerto Rico was groter dan in de Dominicaanse Republiek (US$325,1); maar minder dan in de Britse Maagdeneilanden (US$3,6 duizend) en in Anguilla (US$1.777,8). De groei van het transport in Puerto Rico was groter dan in de Britse Maagdeneilanden (0,051%); maar minder dan in de Dominicaanse Republiek (11,5%) en in Anguilla (6,3%).

Vergelijking met leiders. De sector van het transport in Puerto Rico was minder dan in de Verenigde Staten (US$1,2 biljoen), in Japan (US$468,5 miljard), in Duitsland (US$228,2 miljard), in het Verenigd Koninkrijk (US$215,9 miljard) en in Frankrijk (US$185,6 miljard). De sector van het transport per hoofd in Puerto Rico was minder dan in de Verenigde Staten (US$4,0 duizend), in Japan (US$3,7 duizend), in het Verenigd Koninkrijk (US$3,6 duizend), in Frankrijk (US$3,0 duizend) en in Duitsland (US$2,8 duizend). De groei van het transport in Puerto Rico was minder dan in Duitsland (3,4%), in het Verenigd Koninkrijk (3,1%), in de Verenigde Staten (3,1%), in Frankrijk (2,7%) en in Japan (1,5%).

de jaren 2010

De sector van het transport in Puerto Rico bedroeg in de jaren 2010 US$3,5 miljard per jaar, stond op de 89e plaats in de wereld, en was vergelijkbaar met Jemen (US$3,5 miljard). Het aandeel in de wereld was 0,055%, en 0,15% in Amerika.

Het aandeel van het transport in de economie van Puerto Rico was 3,4% in de jaren 2010, stond op de 205e plaats in de wereld, en was vergelijkbaar met Laos (3,4%), Macau (3,4%), Liechtenstein (3,4%).

Het transport per hoofd in Puerto Rico was $1.037,9 in de jaren 2010s, stond op de 75e plaats in de wereld, en was vergelijkbaar met Kroatië (US$1.042,6), Trinidad en Tobago (US$1.046,4). De sector van het transport per hoofd in Puerto Rico was 20,0% hoger dan het transport per hoofd van de bevolking in de wereld ($864,8), en was in 2,3 keer lager dan het transport per hoofd van de bevolking in Amerika ($864,8).

De groei van het transport in Puerto Rico bedroeg -1.9% in de jaren 2010, stond op de 201e plaats in de wereld. De groei van het transport in Puerto Rico (-1,9%) was minder dan de groei van het transport in de wereld (4,0%), was minder dan de groei van het transport in Amerika (4,7%).

Vergelijking met buren. De toegevoegde waarde van het transport in Puerto Rico was 34,0 keer groter dan in de Britse Maagdeneilanden (US$102,0 miljoen) en 133,5 keer groter dan in Anguilla (US$26,0 miljoen); maar 48,5% minder dan in de Dominicaanse Republiek (US$6,7 miljard). De waarde van het transport per hoofd in Puerto Rico was 57,3% groter dan in de Dominicaanse Republiek (US$659,7); maar 3,4 keer minder dan in de Britse Maagdeneilanden (US$3,5 duizend) en 43,4% minder dan in Anguilla (US$1.833,5). De groei van het transport in Puerto Rico was groter dan in Anguilla (-3,5%); maar minder dan in de Dominicaanse Republiek (5,6%) en in de Britse Maagdeneilanden (1,8%).

Vergelijking met leiders. De sector van het transport in Puerto Rico was 515,4 keer minder dan in de Verenigde Staten (US$1,8 biljoen), 152,7 keer minder dan in Japan (US$529,8 miljard), 133,8 keer minder dan in China (US$464,2 miljard), 86,5 keer minder dan in Duitsland (US$300,0 miljard) en 74,3 keer minder dan in het Verenigd Koninkrijk (US$257,7 miljard). De toegevoegde waarde van het transport per hoofd in Puerto Rico was 3,1 keer groter dan in China (US$331,0); maar 5,4 keer minder dan in de Verenigde Staten (US$5,6 duizend), 4,0 keer minder dan in Japan (US$4,1 duizend), 3,8 keer minder dan in het Verenigd Koninkrijk (US$3,9 duizend) en 3,5 keer minder dan in Duitsland (US$3,7 duizend). De groei van het transport in Puerto Rico was minder dan in China (7,5%), in de Verenigde Staten (5,1%), in het Verenigd Koninkrijk (2,8%), in Duitsland (2,7%) en in Japan (0,81%).

Hoofdstuk VIII. Handel

Groothandel, detailhandel, restaurants en hotels (ISIC G-H)

De handel van Puerto Rico steeg van US$1,3 miljard per jaar in de jaren 1970 tot US$9,8 miljard per jaar in de jaren 2010, dat wil zeggen met US$8,5 miljard of 7,5 keer. De verandering vond plaats op US$6,1 miljard als gevolg van een 2,7-voudige stijging van de prijzen, en ook op US$2,1 miljard als gevolg van een 2,4-voudige toename van de productiviteit , evenals op US$237,5 miljoen als gevolg van de toename van de bevolking. De gemiddelde jaarlijkse groei van de handel is 2,4%. De minimumwaarde van de handel bedroeg US$817,3 miljoen in 1970. De maximumwaarde van de handel bedroeg US$10,5 miljard in 2019.

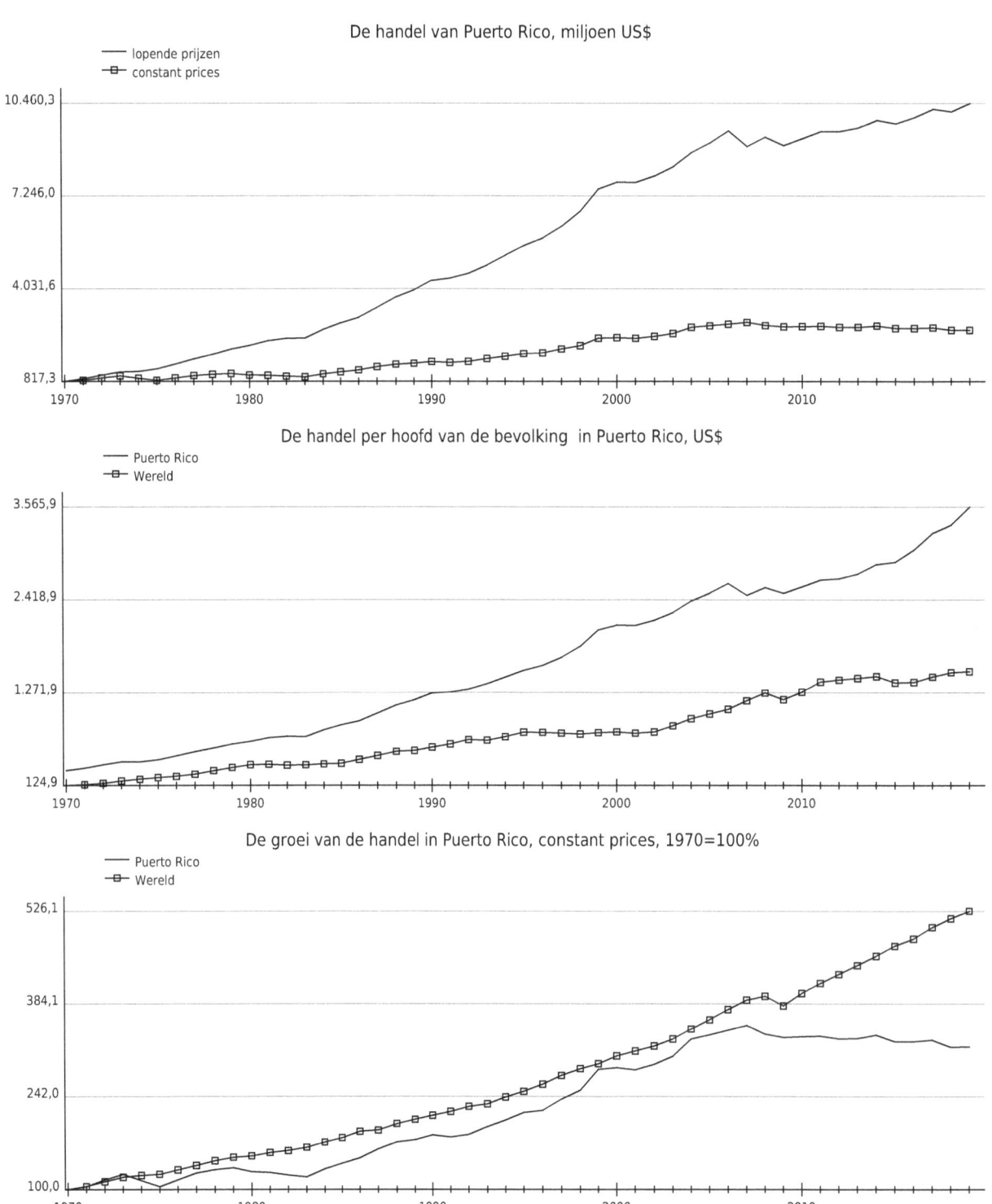

De handel van Puerto Rico, miljoen US$

De handel per hoofd van de bevolking in Puerto Rico, US$

De groei van de handel in Puerto Rico, constant prices, 1970=100%

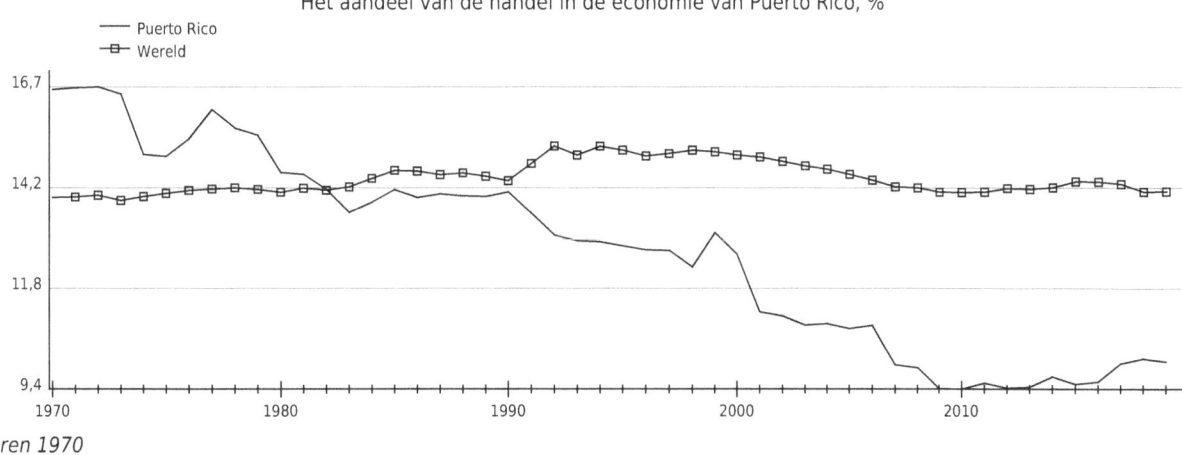

Het aandeel van de handel in de economie van Puerto Rico, %

de jaren 1970

De sector van de handel in Puerto Rico bedroeg in de jaren 1970 US$1,3 miljard per jaar, stond op de 53e plaats in de wereld. Het aandeel in de wereld was 0,15%, en 0,36% in Amerika.

Het aandeel van de handel in de economie van Puerto Rico was 15,8% in de jaren 1970, stond op de 82e plaats in de wereld, en was vergelijkbaar met Madagaskar (15,8%), Samoa (15,8%), Zuid-Europa (15,9%).

De sector van de handel per hoofd in Puerto Rico was $460,6 in de jaren 1970s, stond op de 42e plaats in de wereld, en was vergelijkbaar met Zuid-Europa (US$459,1), Spanje (US$456,1), Europa (US$450,1). De handel per hoofd in Puerto Rico was in 2,1 keer hoger dan de handel per hoofd van de bevolking in de wereld ($221,0), en was 29,7% lager dan de handel per hoofd van de bevolking in Amerika ($221,0).

De groei van de handel in Puerto Rico bedroeg 3.2% in de jaren 1970, stond op de 129e plaats in de wereld, en was vergelijkbaar met Benin (3,2%). De groei van de handel in Puerto Rico (3,2%) was minder dan de groei van de handel in de wereld (4,5%), was minder dan de groei van de handel in Amerika (4,4%).

Vergelijking met buren. De handel van Puerto Rico was groter dan in de Dominicaanse Republiek (US$698,1 miljoen), in de Britse Maagdeneilanden (US$5,2 miljoen) en in Anguilla (US$2,0 miljoen). De sector van de handel per hoofd in Puerto Rico was groter dan in Anguilla (US$284,9) en in de Dominicaanse Republiek (US$137,4); maar minder dan in de Britse Maagdeneilanden (US$494,6). De groei van de handel in Puerto Rico was minder dan in de Britse Maagdeneilanden (14,3%), in de Dominicaanse Republiek (7,4%) en in Anguilla (3,7%).

Vergelijking met leiders. De waarde van de handel in Puerto Rico was minder dan in de Verenigde Staten (US$278,3 miljard), in Japan (US$90,3 miljard), in de Sovjet-Unie (US$62,3 miljard), in Duitsland (US$61,1 miljard) en in Frankrijk (US$40,9 miljard). De sector van de handel per hoofd in Puerto Rico was groter dan in de Sovjet-Unie (US$247,1); maar minder dan in de Verenigde Staten (US$1.275,1), in Japan (US$811,1), in Duitsland (US$775,5) en in Frankrijk (US$762,4). De groei van de handel in Puerto Rico was groter dan in Duitsland (3,0%); maar minder dan in Japan (8,2%), in de Sovjet-Unie (5,2%), in Frankrijk (3,9%) en in de Verenigde Staten (3,9%).

de jaren 1980

De toegevoegde waarde van de handel in Puerto Rico bedroeg in de jaren 1980 US$2,9 miljard per jaar, stond op de 54e plaats in de wereld. Het aandeel in de wereld was 0,13%, en 0,34% in Amerika.

Het aandeel van de handel in de economie van Puerto Rico was 14,1% in de jaren 1980, stond op de 102e plaats in de wereld, en was vergelijkbaar met Ghana (14,1%), Centraal-Afrika (14,1%), Kameroen (14,0%).

De toegevoegde waarde van de handel per hoofd in Puerto Rico was $879,7 in de jaren 1980s, stond op de 50e plaats in de wereld, en was vergelijkbaar met Bahrein (US$875,9), Israël (US$899,2). De toegevoegde waarde van de handel per hoofd in Puerto Rico was in 2,0 keer hoger dan de Handel per hoofd van de bevolking in de wereld ($437,7), en was 30,6% lager dan de handel per hoofd van de bevolking in Amerika ($437,7).

De groei van de handel in Puerto Rico bedroeg 2.8% in de jaren 1980, stond op de 92e plaats in de wereld, en was vergelijkbaar met Centraal-Afrika (2,8%), Cambodja (2,8%), de Seychellen (2,8%). De groei van de handel in Puerto Rico (2,8%) was minder dan de groei van de handel in de wereld (3,3%), was minder dan de groei van de handel in Amerika (3,5%).

Vergelijking met buren. De waarde van de handel in Puerto Rico was groter dan in de Dominicaanse Republiek (US$1,4 miljard), in de Britse Maagdeneilanden (US$19,5 miljoen) en in Anguilla (US$9,6 miljoen). De handel per hoofd in Puerto Rico was groter dan in de Dominicaanse Republiek (US$219,4); maar minder dan in de Britse Maagdeneilanden (US$1.408,5) en in Anguilla (US$1.272,5). De groei van de handel in Puerto Rico was minder dan in Anguilla (7,8%), in de Dominicaanse Republiek (4,4%) en in de Britse Maagdeneilanden (4,1%).

Vergelijking met leiders. De toegevoegde waarde van de handel in Puerto Rico was minder dan in de Verenigde Staten (US$653,3 miljard), in Japan (US$277,3 miljard), in Duitsland (US$116,7 miljard), in de Sovjet-Unie (US$112,3 miljard) en in Italië (US$95,7 miljard). De toegevoegde waarde van de handel per hoofd in Puerto Rico was groter dan in de Sovjet-Unie (US$408,1); maar minder dan in de Verenigde Staten (US$2,7 duizend), in Japan (US$2,3 duizend), in Italië (US$1.684,2) en in Duitsland (US$1.496,0). De groei van de handel in Puerto Rico was groter dan in Italië (2,3%), in Duitsland (1,8%) en in de Sovjet-Unie (-0,62%); maar minder dan in Japan (4,9%) en in de Verenigde Staten (4,4%).

de jaren 1990

De toegevoegde waarde van de handel in Puerto Rico bedroeg in de jaren 1990 US$5,5 miljard per jaar, stond op de 52e plaats in de wereld. Het aandeel in de wereld was 0,13%, en 0,37% in Amerika.

Het aandeel van de handel in de economie van Puerto Rico was 13,0% in de jaren 1990, stond op de 137e plaats in de wereld, en was vergelijkbaar met Kaapverdië (13,0%), Zuidwest-Azië (13,1%), Ethiopië (13,1%).

De handel per hoofd in Puerto Rico was $1.551,3 in de jaren 1990s, stond op de 47e plaats in de wereld. De sector van de handel per hoofd in Puerto Rico was in 2,1 keer hoger dan de handel per hoofd van de bevolking in de wereld ($721,8), en was 20,2% lager dan de handel per hoofd van de bevolking in Amerika ($721,8).

De groei van de handel in Puerto Rico bedroeg 4.9% in de jaren 1990, stond op de 50e plaats in de wereld, en was vergelijkbaar met Namibië (4,9%), Lesotho (4,9%), Azië (4,9%). De groei van de handel in Puerto Rico (4,9%) was groter dan de groei van de handel in de wereld (3,5%), was groter dan de groei van de handel in Amerika (3,8%).

Vergelijking met buren. De sector van de handel in Puerto Rico was groter dan in de Dominicaanse Republiek (US$2,3 miljard), in de Britse Maagdeneilanden (US$117,0 miljoen) en in Anguilla (US$34,0 miljoen). De waarde van de handel per hoofd in Puerto Rico was groter dan in de Dominicaanse Republiek (US$302,2); maar minder dan in de Britse Maagdeneilanden (US$6,2 duizend) en in Anguilla (US$3,4 duizend). De groei van de handel in Puerto Rico was groter dan in Anguilla (4,1%); maar minder dan in de Britse Maagdeneilanden (16,4%) en in de Dominicaanse Republiek (6,5%).

Vergelijking met leiders. De sector van de handel in Puerto Rico was minder dan in de Verenigde Staten (US$1,2 biljoen), in Japan (US$713,2 miljard), in Duitsland (US$243,7 miljard), in Italië (US$185,6 miljard) en in Frankrijk (US$177,0 miljard). De toegevoegde waarde van de handel per hoofd in Puerto Rico was minder dan in Japan (US$5,7 duizend), in de Verenigde Staten (US$4,4 duizend), in Italië (US$3,3 duizend), in Duitsland (US$3,0 duizend) en in Frankrijk (US$3,0 duizend). De groei van de handel in Puerto Rico was groter dan in de Verenigde Staten (4,3%), in Japan (3,8%), in Duitsland (2,5%), in Frankrijk (2,4%) en in Italië (1,9%).

de jaren 2000

De sector van de handel in Puerto Rico bedroeg in de jaren 2000 US$8,6 miljard per jaar, stond op de 57e plaats in de wereld. Het aandeel in de wereld was 0,13%, en 0,35% in Amerika.

Het aandeel van de handel in de economie van Puerto Rico was 10,7% in de jaren 2000, stond op de 177e plaats in de wereld, en was vergelijkbaar met de Kaaimaneilanden (10,7%), Somalië (10,6%), Groenland (10,6%).

De sector van de handel per hoofd in Puerto Rico was $2.368,1 in de jaren 2000s, stond op de 49e plaats in de wereld, en was vergelijkbaar met Malta (US$2,4 duizend), Israël (US$2,3 duizend). De toegevoegde waarde van de handel per hoofd in Puerto Rico was in 2,4 keer hoger dan de handel per hoofd van de bevolking in de wereld ($990,3), en was 14,5% lager dan de handel per hoofd van de bevolking in Amerika ($990,3).

De groei van de handel in Puerto Rico bedroeg 1.6% in de jaren 2000, stond op de 158e plaats in de wereld. De groei van de handel in Puerto Rico (1,6%) was minder dan de groei van de handel in de wereld (2,7%), was groter dan de groei van de handel in Amerika (1,6%).

Vergelijking met buren. De handel van Puerto Rico was groter dan in de Dominicaanse Republiek (US$5,5 miljard), in de Britse Maagdeneilanden (US$254,1 miljoen) en in Anguilla (US$55,2 miljoen). De sector van de handel per hoofd in Puerto Rico was groter dan in de Dominicaanse Republiek (US$607,0); maar minder dan in de Britse Maagdeneilanden (US$11,0 duizend) en in Anguilla (US$4,5 duizend). De groei van de handel in Puerto Rico was groter dan in Anguilla (1,4%) en in de Britse Maagdeneilanden (0,033%); maar minder dan in de Dominicaanse Republiek (3,2%).

Vergelijking met leiders. De toegevoegde waarde van de handel in Puerto Rico was minder dan in de Verenigde Staten (US$1,9 biljoen), in Japan (US$771,8 miljard), in Duitsland (US$296,0 miljard), in het Verenigd Koninkrijk (US$293,5 miljard) en in China (US$262,0 miljard). De sector van de handel per hoofd in Puerto Rico was groter dan in China (US$197,5); maar minder dan in de Verenigde Staten (US$6,4 duizend), in Japan (US$6,0 duizend), in het Verenigd Koninkrijk (US$4,9 duizend) en in Duitsland (US$3,6 duizend). De groei van de handel in Puerto Rico was groter dan in het Verenigd Koninkrijk (1,3%), in de Verenigde Staten (1,1%) en in Japan (-0,77%); maar minder dan in China (11,9%) en in Duitsland (1,7%).

de jaren 2010

De sector van de handel in Puerto Rico bedroeg in de jaren 2010 US$9,8 miljard per jaar, stond op de 69e plaats in de wereld. Het aandeel in de wereld was 0,093%, en 0,27% in Amerika.

Het aandeel van de handel in de economie van Puerto Rico was 9,6% in de jaren 2010, stond op de 186e plaats in de wereld.

De sector van de handel per hoofd in Puerto Rico was $2.939,4 in de jaren 2010s, stond op de 52e plaats in de wereld, en was vergelijkbaar met Slovenië (US$2,9 duizend), Saint Lucia (US$2,9 duizend), Panama (US$3,0 duizend). De sector van de handel per hoofd in Puerto Rico was in 2,0 keer hoger dan de handel per hoofd van de bevolking in de wereld ($1.436,8), en was 22,7% lager dan de handel per hoofd van de bevolking in Amerika ($1.436,8).

De groei van de handel in Puerto Rico bedroeg -0.4% in de jaren 2010, stond op de 191e plaats in de wereld. De groei van de handel in Puerto Rico (-0,44%) was minder dan de groei van de handel in de wereld (3,3%), was minder dan de groei van de handel in Amerika (2,1%).

Vergelijking met buren. De sector van de handel in Puerto Rico was 42,8 keer groter dan in de Britse Maagdeneilanden (US$229,6 miljoen) en 139,1 keer groter dan in Anguilla (US$70,7 miljoen); maar 20,9% minder dan in de Dominicaanse Republiek (US$12,4 miljard). De sector van de handel per hoofd in Puerto Rico was 2,4 keer groter dan in de Dominicaanse Republiek (US$1.216,0); maar 2,7 keer minder dan in de Britse Maagdeneilanden (US$7,9 duizend) en 41,0% minder dan in Anguilla (US$5,0 duizend). De groei van de handel in Puerto Rico was groter dan in de Britse Maagdeneilanden (-3,0%); maar minder dan in de Dominicaanse Republiek (5,3%) en in Anguilla (2,6%).

Vergelijking met leiders. De sector van de handel in Puerto Rico was 266,1 keer minder dan in de Verenigde Staten (US$2,6 biljoen), 121,5 keer minder dan in China (US$1,2 biljoen), 88,5 keer minder dan in Japan (US$869,5 miljard), 37,9 keer minder dan in Duitsland (US$372,6 miljard) en 33,6 keer minder dan in het Verenigd Koninkrijk (US$330,0 miljard). De toegevoegde waarde van de handel per hoofd in Puerto Rico was 3,5 keer groter dan in China (US$851,7); maar 2,8 keer minder dan in de Verenigde Staten (US$8,2 duizend), 2,3 keer minder dan in Japan (US$6,8 duizend), 41,6% minder dan in het Verenigd Koninkrijk (US$5,0 duizend) en 35,4% minder dan in Duitsland (US$4,6 duizend). De groei van de handel in Puerto Rico was minder dan in China (8,9%), in het Verenigd Koninkrijk (2,8%), in de Verenigde Staten (2,3%), in Duitsland (2,0%) en in Japan (0,77%).

Hoofdstuk IX. Diensten

(ISIC J-P)

De diensten van Puerto Rico zijn gestegen van US$2,9 miljard per jaar in de jaren 1970 tot US$36,5 miljard per jaar in de jaren 2010, dat wil zeggen met US$33,6 miljard of 12,7 keer. De verandering vond plaats op US$27,8 miljard als gevolg van een 4,2-voudige stijging van de prijzen, en ook op US$5,3 miljard als gevolg van een 2,6-voudige toename van de productiviteit , evenals op US$525,3 miljoen als gevolg van de toename van de bevolking. De gemiddelde jaarlijkse groei van de diensten is 2,5%. De minimumwaarde van de diensten bedroeg US$1,8 miljard in 1970. De maximumwaarde van de diensten bedroeg US$37,9 miljard in 2013.

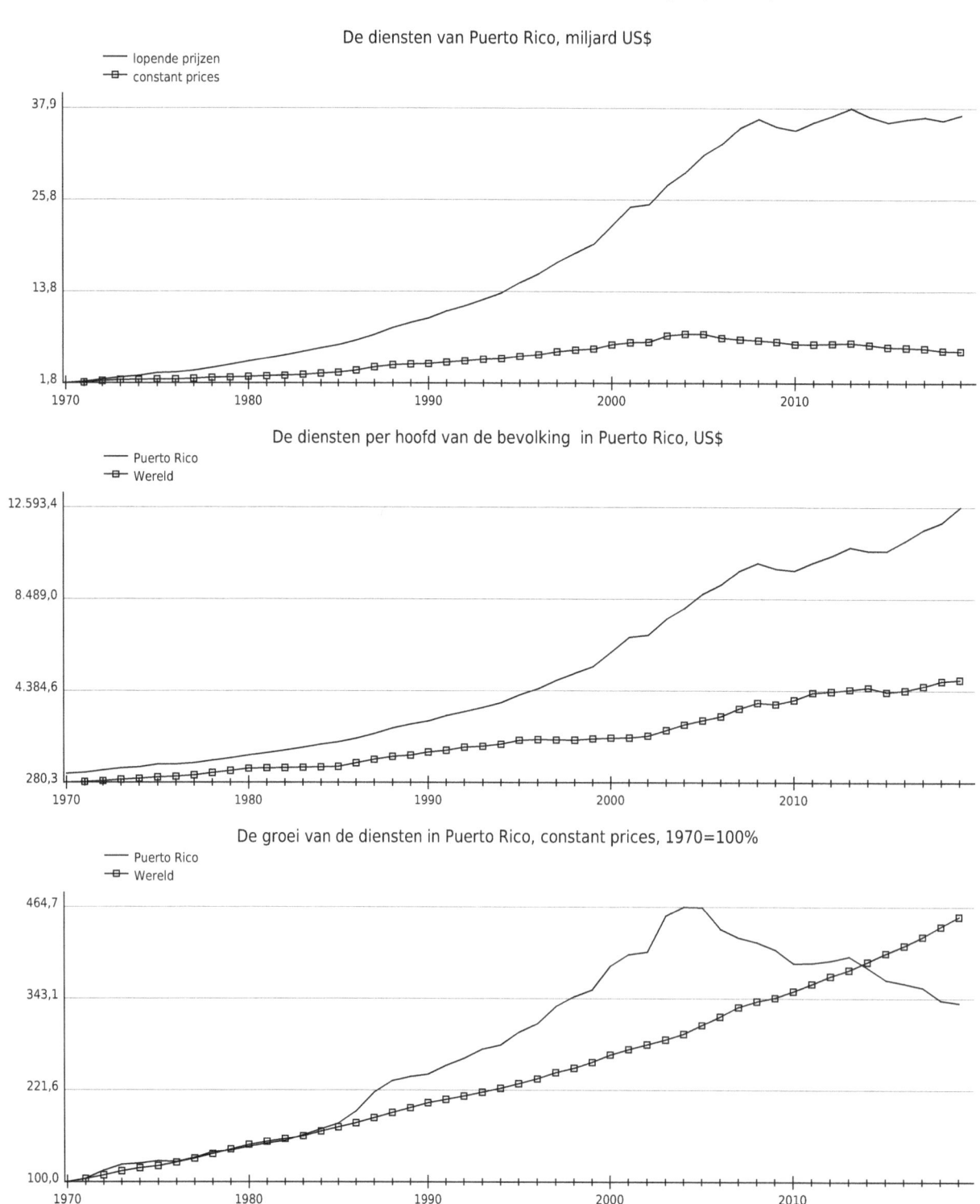

De diensten van Puerto Rico, miljard US$

De diensten per hoofd van de bevolking in Puerto Rico, US$

De groei van de diensten in Puerto Rico, constant prices, 1970=100%

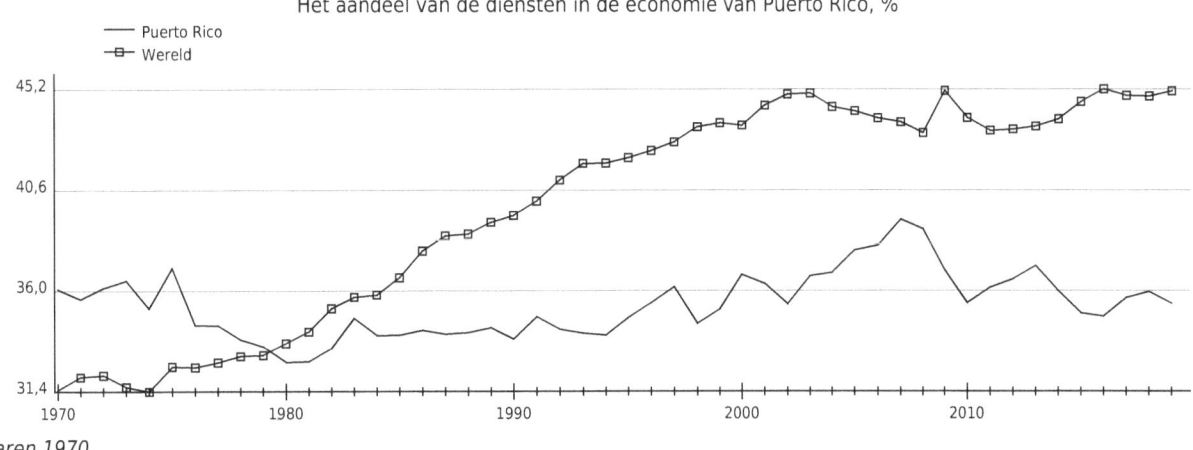

Het aandeel van de diensten in de economie van Puerto Rico, %

de jaren 1970

De sector van de diensten in Puerto Rico bedroeg in de jaren 1970 US$2,9 miljard per jaar, stond op de 47e plaats in de wereld, en was vergelijkbaar met Libië (US$2,8 miljard), Pakistan (US$2,8 miljard). Het aandeel in de wereld was 0,14%, en 0,34% in Amerika.

Het aandeel van de diensten in de economie van Puerto Rico was 35,0% in de jaren 1970, stond op de 48e plaats in de wereld, en was vergelijkbaar met de Cookeilanden (35,0%), België (34,9%), Tsjecho-Slowakije (35,1%).

De diensten per hoofd in Puerto Rico waren $1.018,9 in de jaren 1970s, stonden op de 41e plaats in de wereld, en waren vergelijkbaar met Macau (US$1.029,9), Griekenland (US$998,1). De sector van de diensten per hoofd in Puerto Rico was in 2,0 keer hoger dan de diensten per hoofd van de bevolking in de wereld ($506,9), en was 32,2% lager dan de diensten per hoofd van de bevolking in Amerika ($506,9).

De groei van de diensten in Puerto Rico bedroeg 3.9% in de jaren 1970, stond op de 116e plaats in de wereld, en was vergelijkbaar met Tonga (3,9%), Frankrijk (3,9%), Nieuw-Zeeland (3,9%). De groei van de diensten in Puerto Rico (3,9%) was minder dan de groei van de diensten in de wereld (4,1%), was groter dan de groei van de diensten in Amerika (3,7%).

Vergelijking met buren. De waarde van de diensten in Puerto Rico was groter dan in de Dominicaanse Republiek (US$759,3 miljoen), in de Britse Maagdeneilanden (US$8,1 miljoen) en in Anguilla (US$1,8 miljoen). De diensten per hoofd in Puerto Rico waren groter dan in de Britse Maagdeneilanden (US$763,7), in Anguilla (US$259,4) en in de Dominicaanse Republiek (US$149,4). De groei van de diensten in Puerto Rico was groter dan in de Britse Maagdeneilanden (2,7%); maar minder dan in de Dominicaanse Republiek (7,4%) en in Anguilla (4,0%).

Vergelijking met leiders. De toegevoegde waarde van de diensten in Puerto Rico was minder dan in de Verenigde Staten (US$674,4 miljard), in de Sovjet-Unie (US$168,3 miljard), in Japan (US$153,8 miljard), in Duitsland (US$150,2 miljard) en in Frankrijk (US$121,8 miljard). De toegevoegde waarde van de diensten per hoofd in Puerto Rico was groter dan in de Sovjet-Unie (US$667,3); maar minder dan in de Verenigde Staten (US$3,1 duizend), in Frankrijk (US$2,3 duizend), in Duitsland (US$1.907,6) en in Japan (US$1.381,3). De groei van de diensten in Puerto Rico was groter dan in Frankrijk (3,9%), in de Verenigde Staten (3,3%) en in de Sovjet-Unie (0,90%); maar minder dan in Japan (5,9%) en in Duitsland (4,8%).

de jaren 1980

De toegevoegde waarde van de diensten in Puerto Rico bedroeg in de jaren 1980 US$6,9 miljard per jaar, stond op de 52e plaats in de wereld. Het aandeel in de wereld was 0,13%, en 0,30% in Amerika.

Het aandeel van de diensten in de economie van Puerto Rico was 33,9% in de jaren 1980, stond op de 71e plaats in de wereld, en was vergelijkbaar met de Turks- en Caicoseilanden (33,8%), Zuid-Europa (33,8%), Zuid-Amerika (34,0%).

De waarde van de diensten per hoofd in Puerto Rico was $2.114,2 in de jaren 1980s, stond op de 45e plaats in de wereld, en was vergelijkbaar met de Turks- en Caicoseilanden (US$2,1 duizend). De sector van de diensten per hoofd in Puerto Rico was 89,5% hoger dan de diensten per hoofd van de bevolking in de wereld ($1.115,5), en was 38,8% lager dan de diensten per hoofd van de bevolking in Amerika ($1.115,5).

De groei van de diensten in Puerto Rico bedroeg 5.4% in de jaren 1980, stond op de 45e plaats in de wereld, en was vergelijkbaar met Soedan (5,4%), Luxemburg (5,4%), Rwanda (5,4%). De groei van de diensten in Puerto Rico (5,4%) was groter dan de groei van de diensten in de wereld (3,3%), was groter dan de groei van de diensten in Amerika (2,8%).

Vergelijking met buren. De toegevoegde waarde van de diensten in Puerto Rico was groter dan in de Dominicaanse Republiek (US$1,7 miljard), in de Britse Maagdeneilanden (US$30,7 miljoen) en in Anguilla (US$8,1 miljoen). De toegevoegde waarde van de diensten per hoofd in Puerto Rico was groter dan in Anguilla (US$1.071,9) en in de Dominicaanse Republiek (US$270,3); maar minder dan in de Britse Maagdeneilanden (US$2,2 duizend). De groei van de diensten in Puerto Rico was groter dan in de Dominicaanse Republiek (4,5%); maar minder dan in de Britse Maagdeneilanden (8,3%) en in Anguilla (6,7%).

Vergelijking met leiders. De waarde van de diensten in Puerto Rico was minder dan in de Verenigde Staten (US$1,9 biljoen), in Japan (US$619,9 miljard), in Duitsland (US$362,2 miljard), in Frankrijk (US$294,5 miljard) en in het Verenigd Koninkrijk (US$265,4 miljard). De sector van de diensten per hoofd in Puerto Rico was minder dan in de Verenigde Staten (US$7,8 duizend), in Frankrijk (US$5,2 duizend), in Japan (US$5,1 duizend), in het Verenigd Koninkrijk (US$4,7 duizend) en in Duitsland (US$4,6 duizend). De groei van de diensten in Puerto Rico was groter dan in Japan (4,8%), in het Verenigd Koninkrijk (3,3%), in Duitsland (3,1%), in de Verenigde Staten (2,8%) en in Frankrijk (2,3%).

de jaren 1990

De toegevoegde waarde van de diensten in Puerto Rico bedroeg in de jaren 1990 US$14,7 miljard per jaar, stond op de 45e plaats in de wereld, en was vergelijkbaar met Tsjechië (US$14,9 miljard), Hongarije (US$14,6 miljard). Het aandeel in de wereld was 0,13%, en 0,31% in Amerika.

Het aandeel van de diensten in de economie van Puerto Rico was 34,8% in de jaren 1990, stond op de 80e plaats in de wereld, en was vergelijkbaar met Montenegro (34,5%), Zuid-Korea (34,5%).

De waarde van de diensten per hoofd in Puerto Rico was $4.155,3 in de jaren 1990s, stond op de 46e plaats in de wereld. De toegevoegde waarde van de diensten per hoofd in Puerto Rico was in 2,1 keer hoger dan de diensten per hoofd van de bevolking in de wereld ($2.014,6), en was 32,7% lager dan de diensten per hoofd van de bevolking in Amerika ($2.014,6).

De groei van de diensten in Puerto Rico bedroeg 4% in de jaren 1990, stond op de 65e plaats in de wereld, en was vergelijkbaar met Kroatië (4,0%). De groei van de diensten in Puerto Rico (4,0%) was groter dan de groei van de diensten in de wereld (2,7%), was groter dan de groei van de diensten in Amerika (2,4%).

Vergelijking met buren. De waarde van de diensten in Puerto Rico was groter dan in de Dominicaanse Republiek (US$4,2 miljard), in de Britse Maagdeneilanden (US$229,7 miljoen) en in Anguilla (US$30,1 miljoen). De waarde van de diensten per hoofd in Puerto Rico was groter dan in Anguilla (US$3,1 duizend) en in de Dominicaanse Republiek (US$541,8); maar minder dan in de Britse Maagdeneilanden (US$12,1 duizend). De groei van de diensten in Puerto Rico was groter dan in de Dominicaanse Republiek (3,3%); maar minder dan in de Britse Maagdeneilanden (20,4%) en in Anguilla (5,9%).

Vergelijking met leiders. De waarde van de diensten in Puerto Rico was minder dan in de Verenigde Staten (US$3,8 biljoen), in Japan (US$1,6 biljoen), in Duitsland (US$908,0 miljard), in Frankrijk (US$628,2 miljard) en in het Verenigd Koninkrijk (US$592,3 miljard). De toegevoegde waarde van de diensten per hoofd in Puerto Rico was minder dan in de Verenigde Staten (US$14,4 duizend), in Japan (US$12,8 duizend), in Duitsland (US$11,3 duizend), in Frankrijk (US$10,6 duizend) en in het Verenigd Koninkrijk (US$10,2 duizend). De groei van de diensten in Puerto Rico was groter dan in Duitsland (3,2%), in het Verenigd Koninkrijk (3,0%), in de Verenigde Staten (2,3%), in Japan (1,7%) en in Frankrijk (1,6%).

de jaren 2000

De diensten van Puerto Rico bedroegen in de jaren 2000 US$30,2 miljard per jaar, stonden op de 48e plaats in de wereld. Het aandeel in de wereld was 0,15%, en 0,36% in Amerika.

Het aandeel van de diensten in de economie van Puerto Rico was 37,4% in de jaren 2000, stonden op de 85e plaats in de wereld, en was vergelijkbaar met Antigua en Barbuda (37,4%), Servië (37,4%), de Caraïben (37,3%).

De sector van de diensten per hoofd in Puerto Rico was $8.293,4 in de jaren 2000s, stond op de 45e plaats in de wereld, en was vergelijkbaar met de Verenigde Arabische Emiraten (US$8,3 duizend). De toegevoegde waarde van de diensten per hoofd in Puerto Rico was in 2,8 keer hoger dan de diensten per hoofd van de bevolking in de wereld ($3.011,2), en was 11,8% lager dan de diensten per hoofd van de bevolking in Amerika ($3.011,2).

De groei van de diensten in Puerto Rico bedroeg 1.4% in de jaren 2000, stond op de 186e plaats in de wereld. De groei van de diensten in Puerto Rico (1,4%) was minder dan de groei van de diensten in de wereld (2,9%), was minder dan de groei van de diensten in Amerika (2,2%).

Vergelijking met buren. De waarde van de diensten in Puerto Rico was groter dan in de Dominicaanse Republiek (US$10,0 miljard), in de Britse Maagdeneilanden (US$581,8 miljoen) en in Anguilla (US$75,2 miljoen). De waarde van de diensten per hoofd in Puerto Rico was groter dan in Anguilla (US$6,1 duizend) en in de Dominicaanse Republiek (US$1.106,0); maar minder dan in de Britse Maagdeneilanden (US$25,1 duizend). De groei van de diensten in Puerto Rico was groter dan in de Britse Maagdeneilanden (1,2%); maar minder dan in Anguilla (6,5%) en in de Dominicaanse Republiek (4,1%).

Vergelijking met leiders. De sector van de diensten in Puerto Rico was minder dan in de Verenigde Staten (US$6,7 biljoen), in Japan (US$2,0 biljoen), in Duitsland (US$1,2 biljoen), in het Verenigd Koninkrijk (US$1,1 biljoen) en in Frankrijk (US$997,0 miljard). De toegevoegde waarde van de diensten per hoofd in Puerto Rico was minder dan in de Verenigde Staten (US$22,9 duizend), in het Verenigd Koninkrijk (US$18,0 duizend), in Frankrijk (US$15,9 duizend), in Japan (US$15,3 duizend) en in Duitsland (US$15,0 duizend). De groei van de diensten in Puerto Rico was groter dan in Japan (1,2%) en in Duitsland (0,57%); maar minder dan in het Verenigd Koninkrijk (2,7%), in de Verenigde Staten (2,0%) en in Frankrijk (1,5%).

de jaren 2010

De waarde van de diensten in Puerto Rico bedroeg in de jaren 2010 US$36,5 miljard per jaar, stond op de 61e plaats in de wereld, en was vergelijkbaar met Marokko (US$36,5 miljard), Luxemburg (US$35,7 miljard). Het aandeel in de wereld was 0,11%, en 0,28% in Amerika.

Het aandeel van de diensten in de economie van Puerto Rico was 35,8% in de jaren 2010, stond op de 104e plaats in de wereld, en was vergelijkbaar met Tunesië (35,8%), de Maldiven (35,9%), Kaapverdië (35,9%).

De waarde van de diensten per hoofd in Puerto Rico was $10.910,4 in de jaren 2010s, stond op de 45e plaats in de wereld, en was vergelijkbaar met Zuid-Korea (US$10,9 duizend), de Verenigde Arabische Emiraten (US$11,1 duizend). De waarde van de diensten per hoofd in Puerto Rico was in 2,4 keer hoger dan de diensten per hoofd van de bevolking in de wereld ($4.467,8), en was 17,2% lager dan de diensten per hoofd van de bevolking in Amerika ($4.467,8).

De groei van de diensten in Puerto Rico bedroeg -1.9% in de jaren 2010, stond op de 204e plaats in de wereld. De groei van de diensten in Puerto Rico (-1,9%) was minder dan de groei van de diensten in de wereld (2,7%), was minder dan de groei van de diensten in Amerika (1,8%).

Vergelijking met buren. De waarde van de diensten in Puerto Rico was 63,0% groter dan in de Dominicaanse Republiek (US$22,4 miljard), 47,1 keer groter dan in de Britse Maagdeneilanden (US$774,3 miljoen) en 301,6 keer groter dan in Anguilla (US$121,0 miljoen). De diensten per hoofd in Puerto Rico waren 27,9% groter dan in Anguilla (US$8,5 duizend) en 5,0 keer groter dan in de Dominicaanse Republiek (US$2,2 duizend); maar 2,4 keer minder dan in de Britse Maagdeneilanden (US$26,7 duizend). De groei van de diensten in Puerto Rico was minder dan in de Dominicaanse Republiek (5,0%), in de Britse Maagdeneilanden (3,2%) en in Anguilla (-0,27%).

Vergelijking met leiders. De sector van de diensten in Puerto Rico was 272,9 keer minder dan in de Verenigde Staten (US$10,0 biljoen), 97,2 keer minder dan in China (US$3,5 biljoen), 62,3 keer minder dan in Japan (US$2,3 biljoen), 44,1 keer minder dan in Duitsland (US$1,6 biljoen) en 37,2 keer minder dan in het Verenigd Koninkrijk (US$1,4 biljoen). De diensten per hoofd in Puerto Rico waren 4,3 keer groter dan in China (US$2,5 duizend); maar 2,9 keer minder dan in de Verenigde Staten (US$31,2 duizend), 47,2% minder dan in het Verenigd Koninkrijk (US$20,7 duizend), 44,4% minder dan in Duitsland (US$19,6 duizend) en 38,6% minder dan in Japan (US$17,8 duizend). De groei van de diensten in Puerto Rico was minder dan in China (8,4%), in de Verenigde Staten (1,8%), in het Verenigd Koninkrijk (1,7%), in Duitsland (1,2%) en in Japan (0,99%).

Part III. Externe betrekkingen

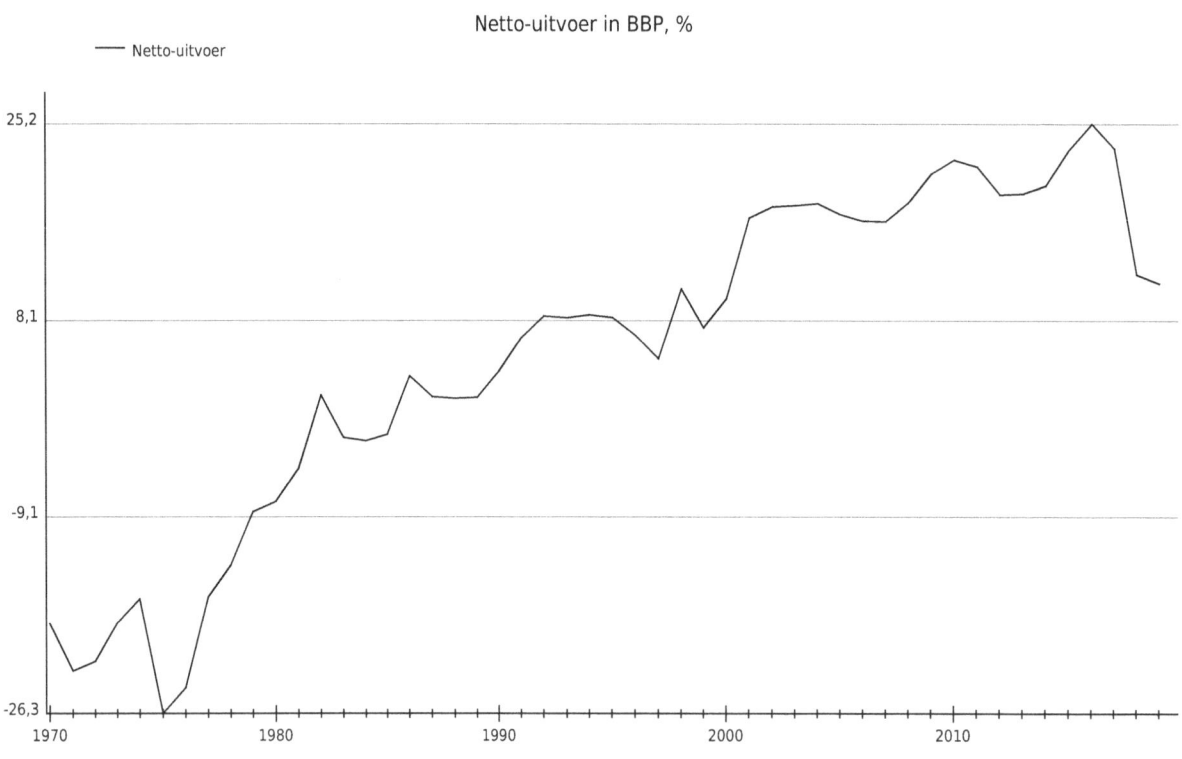

Netto-uitvoer in BBP, %

Hoofdstuk X. Uitvoer

Uitvoer van goederen en diensten

De waarde van de export in Puerto Rico steeg van US$4,5 miljard per jaar in de jaren 1970 tot US$76,1 miljard per jaar in de jaren 2010, dat wil zeggen met US$71,6 miljard of 17,0 keer. De verandering vond plaats op US$61,9 miljard als gevolg van een 5,4-voudige stijging van de prijzen, en ook op US$8,9 miljard als gevolg van een 2,7-voudige toename van het tarief per hoofd , evenals op US$814,6 miljoen als gevolg van de toename van de bevolking. De gemiddelde jaarlijkse groei van de export is 2,7%. De minimumwaarde van de export bedroeg US$2,3 miljard in 1970. De maximumwaarde van de export bedroeg US$80,8 miljard in 2016.

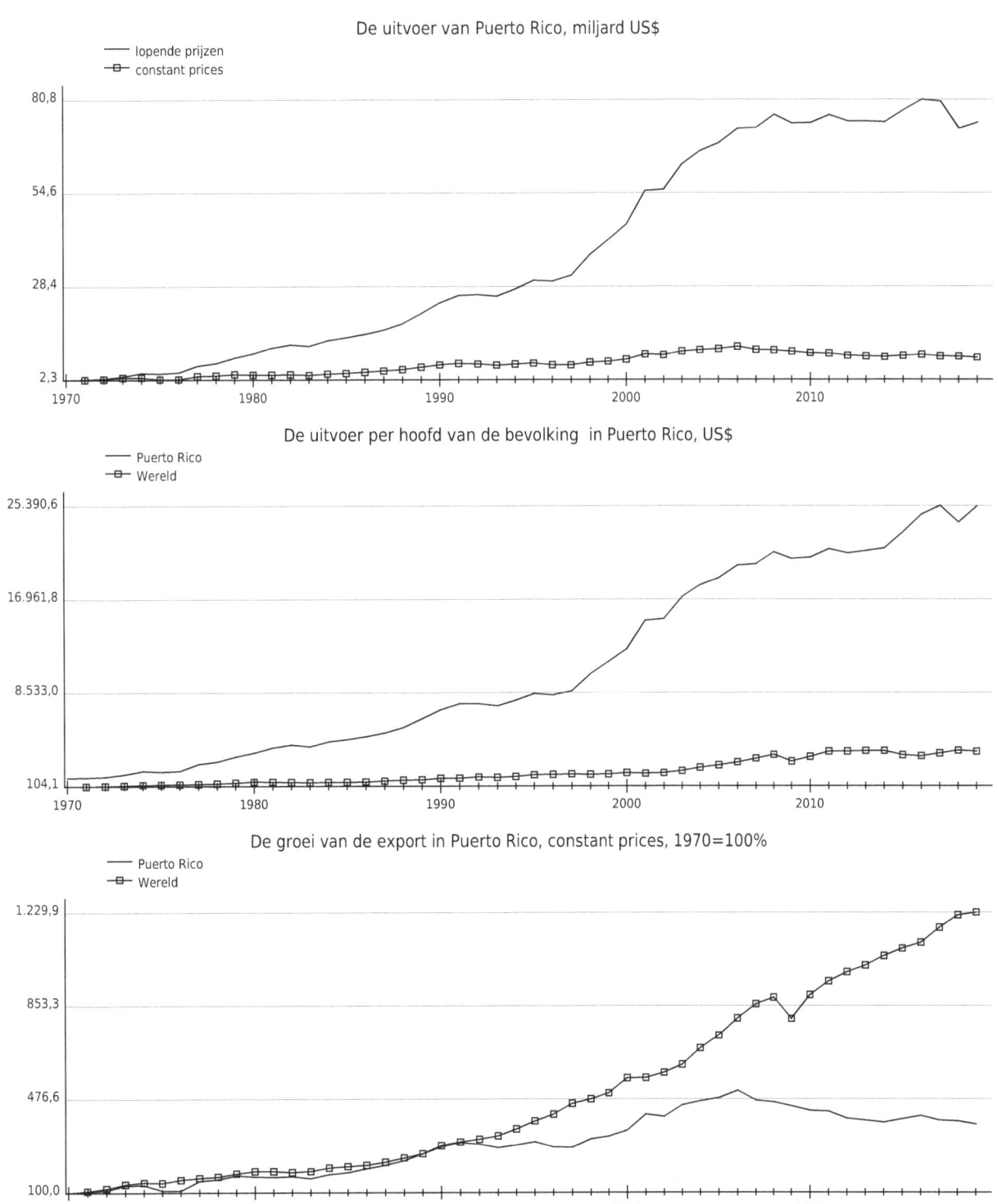

De uitvoer van Puerto Rico, miljard US$

De uitvoer per hoofd van de bevolking in Puerto Rico, US$

De groei van de export in Puerto Rico, constant prices, 1970=100%

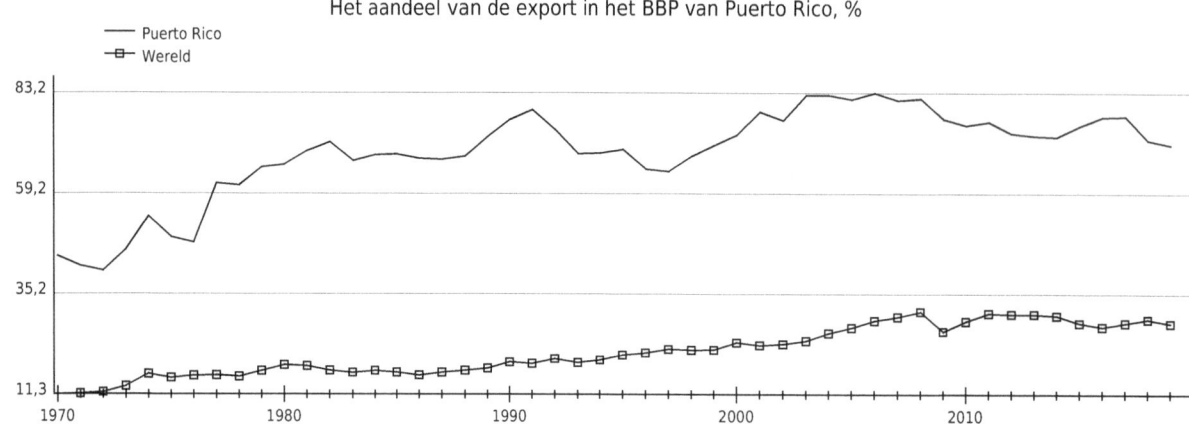

Het aandeel van de export in het BBP van Puerto Rico, %

de jaren 1970

De waarde van de export in Puerto Rico bedroeg in de jaren 1970 US$4,5 miljard per jaar, stond op de 39e plaats in de wereld, en was vergelijkbaar met Algerije (US$4,6 miljard). Het aandeel in de wereld was 0,46%, en 2,0% in Amerika.

Het aandeel van de export in het BBP van Puerto Rico was 53,3% in de jaren 1970, stond op de 31e plaats in de wereld, en was vergelijkbaar met Zambia (52,8%).

De waarde van de export per hoofd in Puerto Rico was $1.580,0 in de jaren 1970s, stond op de 32e plaats in de wereld, en was vergelijkbaar met West-Europa (US$1.546,2). De uitvoer per hoofd in Puerto Rico was in 6,5 keer hoger dan de export per hoofd van de bevolking in de wereld ($242,1), en was in 4,0 keer hoger dan de export per hoofd van de bevolking in Amerika ($242,1).

De groei van de export in Puerto Rico bedroeg 6% in de jaren 1970, stond op de 89e plaats in de wereld, en was vergelijkbaar met Argentinië (5,9%), Noorwegen (6,0%), de Maldiven (6,0%). De groei van de export in Puerto Rico (6,0%) was minder dan de groei van de export in de wereld (6,5%), was minder dan de groei van de export in Amerika (6,4%).

Vergelijking met buren. De waarde van de export in Puerto Rico was groter dan in de Dominicaanse Republiek (US$1,4 miljard), in de Britse Maagdeneilanden (US$7,8 miljoen) en in Anguilla (US$3,1 miljoen). De waarde van de export per hoofd in Puerto Rico was groter dan in de Britse Maagdeneilanden (US$742,1), in Anguilla (US$439,0) en in de Dominicaanse Republiek (US$274,8). De groei van de export in Puerto Rico was groter dan in Anguilla (3,6%); maar minder dan in de Britse Maagdeneilanden (13,2%) en in de Dominicaanse Republiek (11,3%).

Vergelijking met leiders. De waarde van de export in Puerto Rico was minder dan in de Verenigde Staten (US$128,0 miljard), in Duitsland (US$82,9 miljard), in Frankrijk (US$64,3 miljard), in Japan (US$64,1 miljard) en in het Verenigd Koninkrijk (US$61,3 miljard). De waarde van de export per hoofd in Puerto Rico was groter dan in Frankrijk (US$1.199,1), in het Verenigd Koninkrijk (US$1.094,1), in Duitsland (US$1.052,2), in de Verenigde Staten (US$586,5) en in Japan (US$575,8). De groei van de export in Puerto Rico was groter dan in Duitsland (5,1%) en in het Verenigd Koninkrijk (5,0%); maar minder dan in Japan (8,6%), in Frankrijk (7,8%) en in de Verenigde Staten (6,8%).

de jaren 1980

De waarde van de export in Puerto Rico bedroeg in de jaren 1980 US$14,2 miljard per jaar, stond op de 34e plaats in de wereld, en was vergelijkbaar met India (US$14,3 miljard), Polen (US$14,5 miljard). Het aandeel in de wereld was 0,56%, en 2,4% in Amerika.

Het aandeel van de export in het BBP van Puerto Rico was 68,8% in de jaren 1980, stond op de 18e plaats in de wereld.

De waarde van de export per hoofd in Puerto Rico was $4.393,5 in de jaren 1980s, stond op de 25e plaats in de wereld, en was vergelijkbaar met Malta (US$4,3 duizend). De waarde van de export per hoofd in Puerto Rico was in 8,3 keer hoger dan de export per hoofd van de bevolking in de wereld ($529,9), en was in 4,9 keer hoger dan de export per hoofd van de bevolking in Amerika ($529,9).

De groei van de export in Puerto Rico bedroeg 4.3% in de jaren 1980, stond op de 81e plaats in de wereld, en was vergelijkbaar met Oceanië (4,3%). De groei van de export in Puerto Rico (4,3%) was groter dan de groei van de export in de wereld (3,8%), was minder dan de groei van de export in Amerika (5,1%).

Vergelijking met buren. De waarde van de export in Puerto Rico was groter dan in de Dominicaanse Republiek (US$3,4 miljard), in de Britse Maagdeneilanden (US$50,1 miljoen) en in Anguilla (US$15,9 miljoen). De waarde van de export per hoofd in Puerto Rico was groter dan in de Britse Maagdeneilanden (US$3,6 duizend), in Anguilla (US$2,1 duizend) en in de Dominicaanse Republiek (US$536,5). De groei van de export in Puerto Rico was groter dan in de Dominicaanse Republiek (1,3%); maar minder dan in de Britse Maagdeneilanden (11,9%) en in Anguilla (10,6%).

Vergelijking met leiders. De uitvoer van Puerto Rico was minder dan in de Verenigde Staten (US$338,6 miljard), in Japan (US$210,6 miljard), in Duitsland (US$208,1 miljard), in Frankrijk (US$155,9 miljard) en in het Verenigd Koninkrijk (US$155,0 miljard). De waarde van de export per hoofd in Puerto Rico was groter dan in Frankrijk (US$2,8 duizend), in het Verenigd Koninkrijk (US$2,7 duizend), in Duitsland (US$2,7 duizend), in Japan (US$1.736,5) en in de Verenigde Staten (US$1.413,8). De groei van de export in Puerto Rico was groter dan in Frankrijk (4,0%) en in het Verenigd Koninkrijk (3,0%); maar minder dan in Japan (6,7%), in de Verenigde Staten (5,7%) en in Duitsland (4,7%).

de jaren 1990

De waarde van de export in Puerto Rico bedroeg in de jaren 1990 US$30,0 miljard per jaar, stond op de 34e plaats in de wereld. Het aandeel in de wereld was 0,51%, en 2,3% in Amerika.

Het aandeel van de export in het BBP van Puerto Rico was 70,0% in de jaren 1990, stond op de 17e plaats in de wereld, en was vergelijkbaar met Equatoriaal-Guinea (70,0%), Antigua en Barbuda (70,3%), Bahrein (70,7%).

De waarde van de export per hoofd in Puerto Rico was $8.456,3 in de jaren 1990s, stond op de 25e plaats in de wereld, en was vergelijkbaar met Qatar (US$8,4 duizend). De waarde van de export per hoofd in Puerto Rico was in 8,2 keer hoger dan de export per hoofd van de bevolking in de wereld ($1.029,5), en was in 5,1 keer hoger dan de export per hoofd van de bevolking in Amerika ($1.029,5).

De groei van de export in Puerto Rico bedroeg 2.5% in de jaren 1990, stond op de 146e plaats in de wereld. De groei van de export in Puerto Rico (2,5%) was minder dan de groei van de export in de wereld (6,9%), was minder dan de groei van de export in Amerika (7,3%).

Vergelijking met buren. De uitvoer van Puerto Rico was groter dan in de Dominicaanse Republiek (US$5,5 miljard), in de Britse Maagdeneilanden (US$414,6 miljoen) en in Anguilla (US$58,6 miljoen). De uitvoer per hoofd in Puerto Rico was groter dan in Anguilla (US$5,9 duizend) en in de Dominicaanse Republiek (US$711,4); maar minder dan in de Britse Maagdeneilanden (US$21,8 duizend). De groei van de export in Puerto Rico was minder dan in de Britse Maagdeneilanden (18,9%), in de Dominicaanse Republiek (8,1%) en in Anguilla (4,4%).

Vergelijking met leiders. De uitvoer van Puerto Rico was minder dan in de Verenigde Staten (US$773,6 miljard), in Duitsland (US$509,0 miljard), in Japan (US$418,7 miljard), in Frankrijk (US$329,8 miljard) en in het Verenigd Koninkrijk (US$324,3 miljard). De waarde van de export per hoofd in Puerto Rico was groter dan in Duitsland (US$6,3 duizend), in het Verenigd Koninkrijk (US$5,6 duizend), in Frankrijk (US$5,6 duizend), in Japan (US$3,3 duizend) en in de Verenigde Staten (US$2,9 duizend). De groei van de export in Puerto Rico was minder dan in de Verenigde Staten (7,2%), in Frankrijk (6,5%), in Duitsland (6,0%), in het Verenigd Koninkrijk (5,7%) en in Japan (4,2%).

de jaren 2000

De waarde van de export in Puerto Rico bedroeg in de jaren 2000 US$65,1 miljard per jaar, stond op de 36e plaats in de wereld, en was vergelijkbaar met West-Afrika (US$65,5 miljard), Zuid-Afrika (US$64,1 miljard). Het aandeel in de wereld was 0,52%, en 2,7% in Amerika.

Het aandeel van de export in het BBP van Puerto Rico was 80,1% in de jaren 2000, stond op de 13e plaats in de wereld.

De waarde van de export per hoofd in Puerto Rico was $17.888,4 in de jaren 2000s, stond op de 24e plaats in de wereld, en was vergelijkbaar met Oostenrijk (US$17,8 duizend), Aruba (US$18,1 duizend). De uitvoer per hoofd in Puerto Rico was in 9,3 keer hoger dan de export per hoofd van de bevolking in de wereld ($1.933,7), en was in 6,4 keer hoger dan de export per hoofd van de bevolking in Amerika ($1.933,7).

De groei van de export in Puerto Rico bedroeg 3.2% in de jaren 2000, stond op de 135e plaats in de wereld, en was vergelijkbaar met El Salvador (3,2%). De groei van de export in Puerto Rico (3,2%) was minder dan de groei van de export in de wereld (4,8%), was groter dan de groei van de export in Amerika (2,9%).

Vergelijking met buren. De uitvoer van Puerto Rico was groter dan in de Dominicaanse Republiek (US$9,6 miljard), in de Britse Maagdeneilanden (US$1,1 miljard) en in Anguilla (US$103,7 miljoen). De uitvoer per hoofd in Puerto Rico was groter dan in Anguilla (US$8,4 duizend) en in de Dominicaanse Republiek (US$1.064,7); maar minder dan in de Britse Maagdeneilanden (US$45,4 duizend). De groei van de export in Puerto Rico was groter dan in de Britse Maagdeneilanden (1,6%) en in de Dominicaanse Republiek (0,67%); maar minder dan in Anguilla (3,8%).

Vergelijking met leiders. De uitvoer van Puerto Rico was minder dan in de Verenigde Staten (US$1,3 biljoen), in Duitsland (US$1,0 biljoen), in China (US$780,2 miljard), in Japan (US$626,3 miljard) en in het Verenigd Koninkrijk (US$591,1 miljard). De uitvoer per hoofd in Puerto Rico was groter dan in Duitsland (US$12,8 duizend), in het Verenigd Koninkrijk (US$9,8 duizend), in Japan (US$4,9 duizend), in de Verenigde Staten (US$4,5 duizend) en in China (US$588,1). De groei van de export in Puerto Rico was groter dan in het Verenigd Koninkrijk (2,8%); maar minder dan in China (12,7%), in Duitsland (5,0%), in Japan (3,5%) en in de Verenigde Staten (3,3%).

de jaren 2010

De uitvoer van Puerto Rico bedroeg in de jaren 2010 US$76,1 miljard per jaar, stond op de 51e plaats in de wereld. Het aandeel in de wereld was 0,33%, en 1,9% in Amerika.

Het aandeel van de export in het BBP van Puerto Rico was 74,4% in de jaren 2010, stond op de 25e plaats in de wereld, en was vergelijkbaar met Turkmenistan (74,4%).

De uitvoer per hoofd in Puerto Rico was $22.761,8 in de jaren 2010s, stond op de 25e plaats in de wereld, en was vergelijkbaar met West-Europa (US$22,7 duizend), Brunei (US$22,5 duizend). De waarde van de export per hoofd in Puerto Rico was in 7,3 keer hoger dan de export per hoofd van de bevolking in de wereld ($3.098,9), en was in 5,4 keer hoger dan de export per hoofd van de bevolking in Amerika ($3.098,9).

De groei van de export in Puerto Rico bedroeg -1.8% in de jaren 2010, stond op de 197e plaats in de wereld. De groei van de export in Puerto Rico (-1,8%) was minder dan de groei van de export in de wereld (4,4%), was minder dan de groei van de export in Amerika (3,6%).

Vergelijking met buren. De uitvoer van Puerto Rico was 4,5 keer groter dan in de Dominicaanse Republiek (US$16,8 miljard), 59,9 keer groter dan in de Britse Maagdeneilanden (US$1,3 miljard) en 390,6 keer groter dan in Anguilla (US$194,8 miljoen). De waarde van de export per hoofd in Puerto Rico was 65,7% groter dan in Anguilla (US$13,7 duizend) en 13,8 keer groter dan in de Dominicaanse Republiek (US$1.645,9); maar 48,0% minder dan in de Britse Maagdeneilanden (US$43,8 duizend). De groei van de export in Puerto Rico was minder dan in de Dominicaanse Republiek (6,9%), in Anguilla (4,7%) en in de Britse Maagdeneilanden (1,6%).

Vergelijking met leiders. De waarde van de export in Puerto Rico was 30,1 keer minder dan in China (US$2,3 biljoen), 29,8 keer minder dan in de Verenigde Staten (US$2,3 biljoen), 22,1 keer minder dan in Duitsland (US$1,7 biljoen), 11,3 keer minder dan in Japan (US$859,4 miljard) en 10,7 keer minder dan in het Verenigd Koninkrijk (US$815,1 miljard). De uitvoer per hoofd in Puerto Rico was 10,7% groter dan in Duitsland (US$20,6 duizend), 83,2% groter dan in het Verenigd Koninkrijk (US$12,4 duizend), 3,2 keer groter dan in de Verenigde Staten (US$7,1 duizend), 3,4 keer groter dan in Japan (US$6,7 duizend) en 13,9 keer groter dan in China (US$1.635,3). De groei van de export in Puerto Rico was minder dan in China (6,8%), in Duitsland (4,7%), in Japan (4,6%), in de Verenigde Staten (3,7%) en in het Verenigd Koninkrijk (3,1%).

Hoofdstuk XI. Invoer

Invoer van goederen en diensten

De invoer van Puerto Rico steeg van US$6,0 miljard per jaar in de jaren 1970 tot US$56,0 miljard per jaar in de jaren 2010, dat wil zeggen met US$50,1 miljard of 9,4 keer. De verandering vond plaats op US$38,4 miljard als gevolg van een 3,2-voudige stijging van de prijzen, en ook op US$10,6 miljard als gevolg van een 2,5-voudige toename van het tarief per hoofd , evenals op US$1,1 miljard als gevolg van de toename van de bevolking. De gemiddelde jaarlijkse groei van de invoer is 2,8%. De minimumwaarde van de invoer bedroeg US$3,2 miljard in 1970. De maximumwaarde van de invoer bedroeg US$62,5 miljard in 2019.

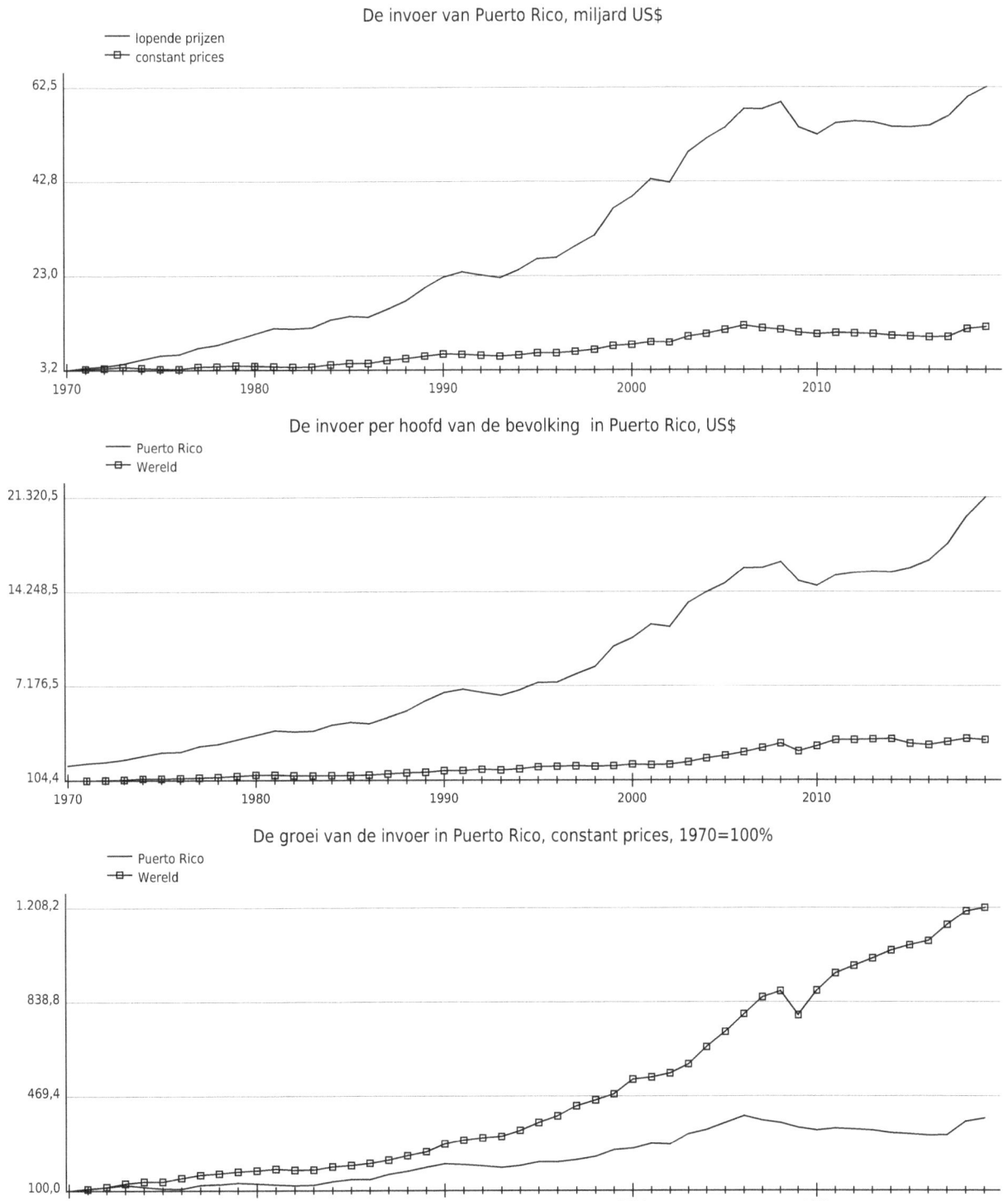

De invoer van Puerto Rico, miljard US$

De invoer per hoofd van de bevolking in Puerto Rico, US$

De groei van de invoer in Puerto Rico, constant prices, 1970=100%

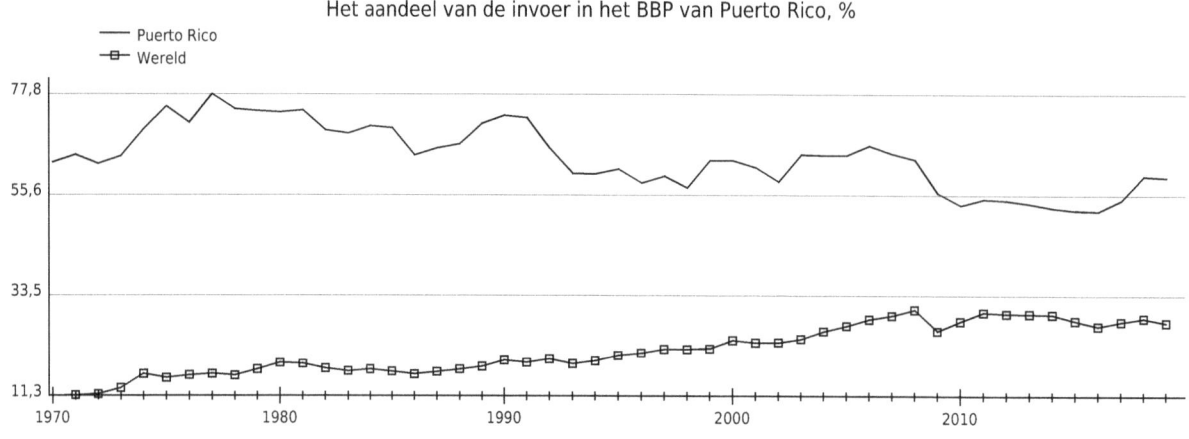

Het aandeel van de invoer in het BBP van Puerto Rico, %

de jaren 1970

De waarde van de invoer in Puerto Rico bedroeg in de jaren 1970 US$6,0 miljard per jaar, stond op de 33e plaats in de wereld, en was vergelijkbaar met India (US$6,0 miljard), Israël (US$5,8 miljard). Het aandeel in de wereld was 0,60%, en 2,5% in Amerika.

Het aandeel van de invoer in het BBP van Puerto Rico was 71,0% in de jaren 1970, stond op de 25e plaats in de wereld, en was vergelijkbaar met Vanuatu (70,9%).

De waarde van de invoer per hoofd in Puerto Rico was $2.104,8 in de jaren 1970s, stond op de 25e plaats in de wereld, en was vergelijkbaar met Frans-Polynesië (US$2,1 duizend), Hongkong (US$2,2 duizend). De invoer per hoofd in Puerto Rico was in 8,6 keer hoger dan de invoer per hoofd van de bevolking in de wereld ($244,3), en was in 5,0 keer hoger dan de invoer per hoofd van de bevolking in Amerika ($244,3).

De groei van de invoer in Puerto Rico bedroeg 2.9% in de jaren 1970, stond op de 152e plaats in de wereld. De groei van de invoer in Puerto Rico (2,9%) was minder dan de groei van de invoer in de wereld (6,3%), was minder dan de groei van de invoer in Amerika (5,4%).

Vergelijking met buren. De waarde van de invoer in Puerto Rico was groter dan in de Dominicaanse Republiek (US$1,6 miljard), in de Britse Maagdeneilanden (US$9,5 miljoen) en in Anguilla (US$3,5 miljoen). De waarde van de invoer per hoofd in Puerto Rico was groter dan in de Britse Maagdeneilanden (US$899,1), in Anguilla (US$492,1) en in de Dominicaanse Republiek (US$313,9). De groei van de invoer in Puerto Rico was minder dan in de Dominicaanse Republiek (8,1%), in de Britse Maagdeneilanden (3,7%) en in Anguilla (3,7%).

Vergelijking met leiders. De waarde van de invoer in Puerto Rico was minder dan in de Verenigde Staten (US$133,2 miljard), in Duitsland (US$92,5 miljard), in Frankrijk (US$63,3 miljard), in het Verenigd Koninkrijk (US$62,4 miljard) en in Japan (US$61,0 miljard). De waarde van de invoer per hoofd in Puerto Rico was groter dan in Frankrijk (US$1.181,1), in Duitsland (US$1.175,1), in het Verenigd Koninkrijk (US$1.113,2), in de Verenigde Staten (US$610,4) en in Japan (US$547,6). De groei van de invoer in Puerto Rico was minder dan in Frankrijk (7,2%), in Japan (7,0%), in Duitsland (5,6%), in de Verenigde Staten (5,1%) en in het Verenigd Koninkrijk (4,5%).

de jaren 1980

De waarde van de invoer in Puerto Rico bedroeg in de jaren 1980 US$14,4 miljard per jaar, stond op de 34e plaats in de wereld, en was vergelijkbaar met Griekenland (US$14,4 miljard), Polen (US$14,7 miljard). Het aandeel in de wereld was 0,55%, en 2,2% in Amerika.

Het aandeel van de invoer in het BBP van Puerto Rico was 69,4% in de jaren 1980, stond op de 31e plaats in de wereld, en was vergelijkbaar met de Turks- en Caicoseilanden (69,3%), Vanuatu (69,5%), Kaapverdië (69,6%).

De waarde van de invoer per hoofd in Puerto Rico was $4.430,0 in de jaren 1980s, stond op de 27e plaats in de wereld. De invoer per hoofd in Puerto Rico was in 8,2 keer hoger dan de invoer per hoofd van de bevolking in de wereld ($539,1), en was in 4,5 keer hoger dan de invoer per hoofd van de bevolking in Amerika ($539,1).

De groei van de invoer in Puerto Rico bedroeg 4% in de jaren 1980, stond op de 69e plaats in de wereld, en was vergelijkbaar met Dominica (3,9%), Malta (4,0%). De groei van de invoer in Puerto Rico (4,0%) was groter dan de groei van de invoer in de wereld (3,8%), was groter dan de groei van de invoer in Amerika (3,8%).

Vergelijking met buren. De waarde van de invoer in Puerto Rico was groter dan in de Dominicaanse Republiek (US$3,9 miljard), in de Britse Maagdeneilanden (US$47,0 miljoen) en in Anguilla (US$17,5 miljoen). De invoer per hoofd in Puerto Rico was groter dan in de Britse Maagdeneilanden (US$3,4 duizend), in Anguilla (US$2,3 duizend) en in de Dominicaanse Republiek (US$609,0). De groei van de invoer in Puerto Rico was groter dan in de Dominicaanse Republiek (0,88%); maar minder dan in Anguilla (9,7%) en in de Britse Maagdeneilanden (9,6%).

Vergelijking met leiders. De waarde van de invoer in Puerto Rico was minder dan in de Verenigde Staten (US$417,2 miljard), in Duitsland (US$225,6 miljard), in Japan (US$175,9 miljard), in Frankrijk (US$162,0 miljard) en in het Verenigd Koninkrijk (US$157,7 miljard). De invoer per hoofd in Puerto Rico was groter dan in Duitsland (US$2,9 duizend), in Frankrijk (US$2,9 duizend), in het Verenigd Koninkrijk (US$2,8 duizend), in de Verenigde Staten (US$1.742,4) en in Japan (US$1.450,4). De groei van de invoer in Puerto Rico was groter dan in Duitsland (3,3%); maar minder dan in de Verenigde Staten (5,8%), in het Verenigd Koninkrijk (5,1%), in Japan (4,6%) en in Frankrijk (4,3%).

de jaren 1990

De waarde van de invoer in Puerto Rico bedroeg in de jaren 1990 US$26,8 miljard per jaar, stond op de 38e plaats in de wereld. Het aandeel in de wereld was 0,46%, en 1,9% in Amerika.

Het aandeel van de invoer in het BBP van Puerto Rico was 62,5% in de jaren 1990, stond op de 36e plaats in de wereld, en was vergelijkbaar met Grenada (62,4%), Ierland (62,3%), Mauritius (63,1%).

De invoer per hoofd in Puerto Rico was $7.551,3 in de jaren 1990s, stond op de 27e plaats in de wereld, en was vergelijkbaar met Bahrein (US$7,6 duizend), West-Europa (US$7,5 duizend), Anguilla (US$7,4 duizend). De invoer per hoofd in Puerto Rico was in 7,4 keer hoger dan de invoer per hoofd van de bevolking in de wereld ($1.015,5), en was in 4,2 keer hoger dan de invoer per hoofd van de bevolking in Amerika ($1.015,5).

De groei van de invoer in Puerto Rico bedroeg 3.1% in de jaren 1990, stond op de 131e plaats in de wereld, en was vergelijkbaar met Noord-Macedonië (3,1%). De groei van de invoer in Puerto Rico (3,1%) was minder dan de groei van de invoer in de wereld (6,6%), was minder dan de groei van de invoer in Amerika (8,2%).

Vergelijking met buren. De waarde van de invoer in Puerto Rico was groter dan in de Dominicaanse Republiek (US$6,2 miljard), in de Britse Maagdeneilanden (US$340,8 miljoen) en in Anguilla (US$72,7 miljoen). De invoer per hoofd in Puerto Rico was groter dan in Anguilla (US$7,4 duizend) en in de Dominicaanse Republiek (US$806,3); maar minder dan in de Britse Maagdeneilanden (US$17,9 duizend). De groei van de invoer in Puerto Rico was minder dan in de Britse Maagdeneilanden (17,7%), in Anguilla (9,4%) en in de Dominicaanse Republiek (7,5%).

Vergelijking met leiders. De invoer van Puerto Rico was minder dan in de Verenigde Staten (US$874,1 miljard), in Duitsland (US$501,6 miljard), in Japan (US$355,9 miljard), in het Verenigd Koninkrijk (US$330,2 miljard) en in Frankrijk (US$308,5 miljard). De waarde van de invoer per hoofd in Puerto Rico was groter dan in Duitsland (US$6,2 duizend), in het Verenigd Koninkrijk (US$5,7 duizend), in Frankrijk (US$5,2 duizend), in de Verenigde Staten (US$3,3 duizend) en in Japan (US$2,8 duizend). De groei van de invoer in Puerto Rico was minder dan in de Verenigde Staten (8,3%), in Duitsland (6,4%), in Frankrijk (5,1%), in het Verenigd Koninkrijk (5,1%) en in Japan (3,3%).

de jaren 2000

De invoer van Puerto Rico bedroeg in de jaren 2000 US$51,0 miljard per jaar, stond op de 42e plaats in de wereld, en was vergelijkbaar met Luxemburg (US$50,2 miljard). Het aandeel in de wereld was 0,41%, en 1,7% in Amerika.

Het aandeel van de invoer in het BBP van Puerto Rico was 62,7% in de jaren 2000, stond op de 48e plaats in de wereld.

De waarde van de invoer per hoofd in Puerto Rico was $14.012,5 in de jaren 2000s, stond op de 28e plaats in de wereld, en was vergelijkbaar met de Turks- en Caicoseilanden (US$13,9 duizend), Cyprus (US$14,3 duizend). De waarde van de invoer per hoofd in Puerto Rico was in 7,4 keer hoger dan de invoer per hoofd van de bevolking in de wereld ($1.899,9), en was in 4,2 keer hoger dan de invoer per hoofd van de bevolking in Amerika ($1.899,9).

De groei van de invoer in Puerto Rico bedroeg 3% in de jaren 2000, stond op de 150e plaats in de wereld, en was vergelijkbaar met België (2,9%), Botswana (2,9%). De groei van de invoer in Puerto Rico (3,0%) was minder dan de groei van de invoer in de wereld (5,1%), was minder dan de groei van de invoer in Amerika (3,5%).

Vergelijking met buren. De waarde van de invoer in Puerto Rico was groter dan in de Dominicaanse Republiek (US$12,0 miljard), in de Britse Maagdeneilanden (US$754,9 miljoen) en in Anguilla (US$190,5 miljoen). De invoer per hoofd in Puerto Rico was groter dan in de Dominicaanse Republiek (US$1.332,6); maar minder dan in de Britse Maagdeneilanden (US$32,6 duizend) en in Anguilla (US$15,5 duizend). De groei van de invoer in Puerto Rico was groter dan in de Dominicaanse Republiek (1,6%) en in de Britse Maagdeneilanden (0,59%); maar minder dan in Anguilla (3,6%).

Vergelijking met leiders. De invoer van Puerto Rico was minder dan in de Verenigde Staten (US$1,9 biljoen), in Duitsland (US$914,7 miljard), in het Verenigd Koninkrijk (US$641,8 miljard), in China (US$641,1 miljard) en in Japan (US$566,4 miljard). De waarde van de invoer per hoofd in Puerto Rico was groter dan in Duitsland (US$11,2 duizend), in het Verenigd Koninkrijk (US$10,6 duizend), in de Verenigde Staten (US$6,4 duizend), in Japan (US$4,4 duizend) en in China (US$483,3). De groei van de invoer in Puerto Rico was groter dan in de Verenigde Staten (2,8%) en in Japan (1,8%); maar minder dan in China (15,1%), in Duitsland (3,7%) en in het Verenigd Koninkrijk (3,1%).

de jaren 2010

De waarde van de invoer in Puerto Rico bedroeg in de jaren 2010 US$56,0 miljard per jaar, stond op de 56e plaats in de wereld, en was vergelijkbaar met Qatar (US$56,9 miljard). Het aandeel in de wereld was 0,25%, en 1,2% in Amerika.

Het aandeel van de invoer in het BBP van Puerto Rico was 54,8% in de jaren 2010, stond op de 75e plaats in de wereld, en was vergelijkbaar met Bosnië en Herzegovina (55,0%), Zwitserland (54,6%), Liechtenstein (54,6%).

De invoer per hoofd in Puerto Rico was $16.759,4 in de jaren 2010s, stond op de 31e plaats in de wereld, en was vergelijkbaar met Curaçao (US$16,7 duizend), Slovenië (US$16,7 duizend), Bahrein (US$16,8 duizend). De waarde van de invoer per hoofd in Puerto Rico was in 5,6 keer hoger dan de invoer per hoofd van de bevolking in de wereld ($3.015,6), en was in 3,4 keer hoger dan de invoer per hoofd van de bevolking in Amerika ($3.015,6).

De groei van de invoer in Puerto Rico bedroeg 1% in de jaren 2010, stond op de 181e plaats in de wereld, en was vergelijkbaar met Jamaica (1,0%). De groei van de invoer in Puerto Rico (1,0%) was minder dan de groei van de invoer in de wereld (4,4%), was minder dan de groei van de invoer in Amerika (3,3%).

Vergelijking met buren. De invoer van Puerto Rico was 2,7 keer groter dan in de Dominicaanse Republiek (US$21,0 miljard), 64,0 keer groter dan in de Britse Maagdeneilanden (US$875,5 miljoen) en 218,4 keer groter dan in Anguilla (US$256,5 miljoen). De waarde van de invoer per hoofd in Puerto Rico was 8,2 keer groter dan in de Dominicaanse Republiek (US$2,1 duizend); maar 44,4% minder dan in de Britse Maagdeneilanden (US$30,1 duizend) en 7,4% minder dan in Anguilla (US$18,1 duizend). De groei van de invoer in Puerto Rico was minder dan in de Dominicaanse Republiek (5,2%), in Anguilla (2,4%) en in de Britse Maagdeneilanden (1,5%).

Vergelijking met leiders. De waarde van de invoer in Puerto Rico was 50,3 keer minder dan in de Verenigde Staten (US$2,8 biljoen), 36,9 keer minder dan in China (US$2,1 biljoen), 26,0 keer minder dan in Duitsland (US$1,5 biljoen), 15,7 keer minder dan in Japan (US$877,9 miljard) en 15,3 keer minder dan in het Verenigd Koninkrijk (US$854,8 miljard). De waarde van de invoer per hoofd in Puerto Rico was 28,6% groter dan in het Verenigd Koninkrijk (US$13,0 duizend), 90,1% groter dan in de Verenigde Staten (US$8,8 duizend), 2,4 keer groter dan in Japan (US$6,9 duizend) en 11,4 keer groter dan in China (US$1.475,4); maar 5,7% minder dan in Duitsland (US$17,8 duizend). De groei van de invoer in Puerto Rico was minder dan in China (8,2%), in Duitsland (4,8%), in de Verenigde Staten (4,4%), in Japan (3,8%) en in het Verenigd Koninkrijk (3,6%).

Part IV. Verbruik

Hoofdstuk XII. Overheidsuitgaven

Consumptie-uitgaven van de overheid

De overheidsuitgaven van Puerto Rico steeg van US$1,4 miljard per jaar in de jaren 1970 tot US$9,8 miljard per jaar in de jaren 2010, dat wil zeggen met US$8,4 miljard of 6,9 keer. De verandering vond plaats op US$6,0 miljard als gevolg van een 2,6-voudige stijging van de prijzen, en ook op US$2,1 miljard als gevolg van een 2,2-voudige toename van het tarief per hoofd , evenals op US$258,3 miljoen als gevolg van de toename van de bevolking. De gemiddelde jaarlijkse groei van de overheidsuitgaven is 2,6%. De minimumwaarde van de overheidsuitgaven bedroeg US$775,6 miljoen in 1970. De maximumwaarde van de overheidsuitgaven bedroeg US$11,1 miljard in 2009.

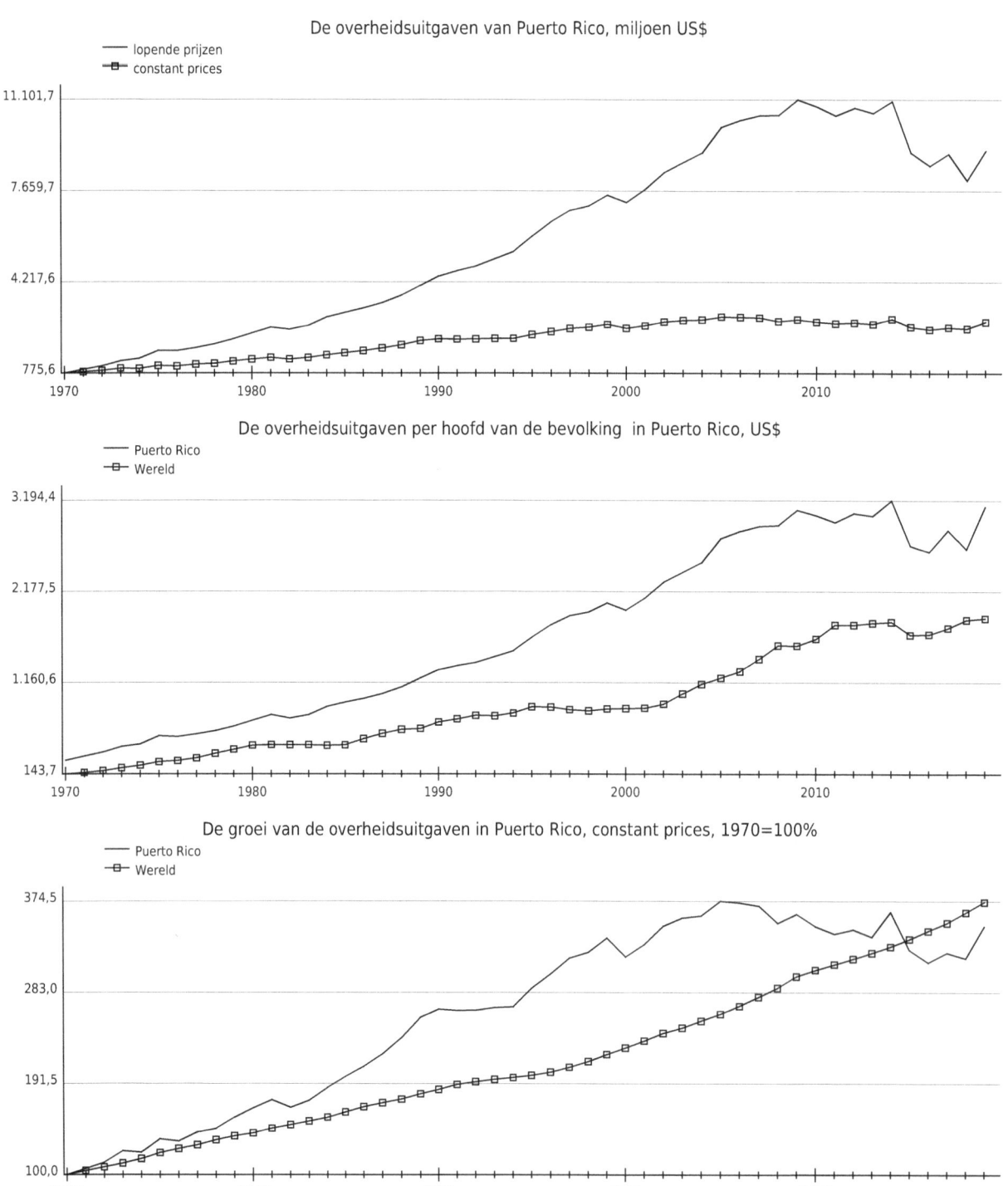

De overheidsuitgaven van Puerto Rico, miljoen US$

De overheidsuitgaven per hoofd van de bevolking in Puerto Rico, US$

De groei van de overheidsuitgaven in Puerto Rico, constant prices, 1970=100%

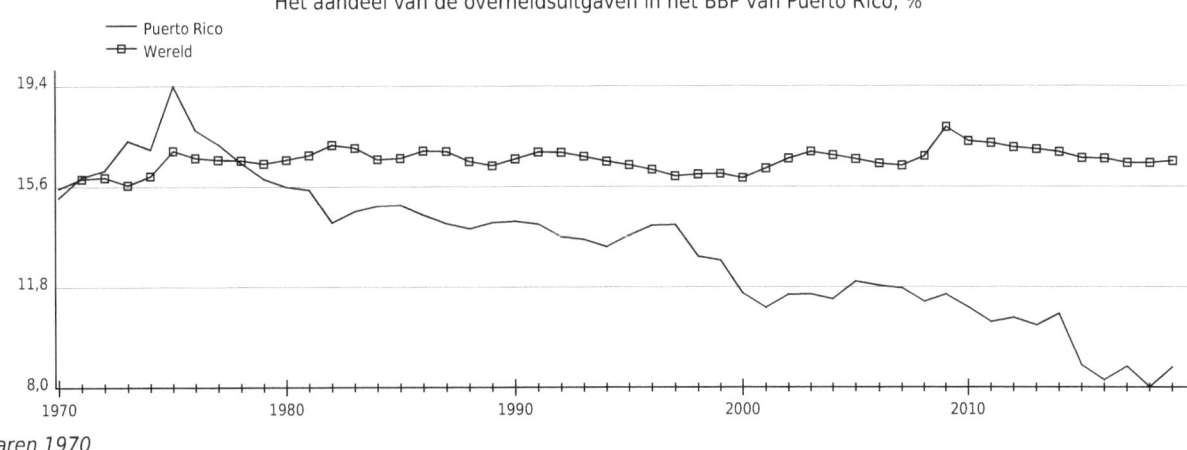

Het aandeel van de overheidsuitgaven in het BBP van Puerto Rico, %

de jaren 1970

De overheidsuitgaven van Puerto Rico bedroeg in de jaren 1970 US$1,4 miljard per jaar, stond op de 54e plaats in de wereld, en was vergelijkbaar met Colombia (US$1,4 miljard). Het aandeel in de wereld was 0,13%, en 0,39% in Amerika.

Het aandeel van de overheidsuitgaven in het BBP van Puerto Rico was 16,9% in de jaren 1970, stond op de 76e plaats in de wereld, en was vergelijkbaar met Finland (16,9%), Peru (17,0%), Joegoslavië (17,0%).

De overheidsuitgaven per hoofd in Puerto Rico was $500,9 in de jaren 1970s, stond op de 43e plaats in de wereld, en was vergelijkbaar met Venezuela (US$495,6). De overheidsuitgaven per hoofd in Puerto Rico was 88,9% hoger dan de overheidsuitgaven per hoofd van de bevolking in de wereld ($265,2), en was 23,6% lager dan de overheidsuitgaven per hoofd van de bevolking in Amerika ($265,2).

De groei van de overheidsuitgaven in Puerto Rico bedroeg 5.2% in de jaren 1970, stond op de 97e plaats in de wereld, en was vergelijkbaar met Mauritius (5,1%), de Caraïben (5,2%), Hongarije (5,2%). De groei van de overheidsuitgaven in Puerto Rico (5,2%) was groter dan de groei van de overheidsuitgaven in de wereld (3,7%), was groter dan de groei van de overheidsuitgaven in Amerika (2,1%).

Vergelijking met buren. De overheidsuitgaven van Puerto Rico was groter dan in de Dominicaanse Republiek (US$236,1 miljoen), in de Britse Maagdeneilanden (US$1,6 miljoen) en in Anguilla (US$881,1 duizend). De overheidsuitgaven per hoofd in Puerto Rico was groter dan in de Britse Maagdeneilanden (US$151,1), in Anguilla (US$124,3) en in de Dominicaanse Republiek (US$46,5). De groei van de overheidsuitgaven in Puerto Rico was groter dan in Anguilla (4,0%), in de Britse Maagdeneilanden (2,7%) en in de Dominicaanse Republiek (2,4%).

Vergelijking met leiders. De overheidsuitgaven van Puerto Rico was minder dan in de Verenigde Staten (US$285,9 miljard), in de Sovjet-Unie (US$117,3 miljard), in Duitsland (US$95,6 miljard), in Japan (US$78,0 miljard) en in Frankrijk (US$64,5 miljard). De overheidsuitgaven per hoofd in Puerto Rico was groter dan in de Sovjet-Unie (US$465,0); maar minder dan in de Verenigde Staten (US$1.310,2), in Duitsland (US$1.213,7), in Frankrijk (US$1.202,3) en in Japan (US$700,2). De groei van de overheidsuitgaven in Puerto Rico was groter dan in Frankrijk (5,0%), in Duitsland (4,4%) en in de Verenigde Staten (0,94%); maar minder dan in de Sovjet-Unie (7,2%) en in Japan (5,3%).

de jaren 1980

De overheidsuitgaven van Puerto Rico bedroeg in de jaren 1980 US$3,0 miljard per jaar, stond op de 56e plaats in de wereld. Het aandeel in de wereld was 0,12%, en 0,35% in Amerika.

Het aandeel van de overheidsuitgaven in het BBP van Puerto Rico was 14,6% in de jaren 1980, stond op de 120e plaats in de wereld, en was vergelijkbaar met Honduras (14,5%), Brunei (14,6%), Kenia (14,7%).

De overheidsuitgaven per hoofd in Puerto Rico was $931,4 in de jaren 1980s, stond op de 51e plaats in de wereld. De overheidsuitgaven per hoofd in Puerto Rico was 77,9% hoger dan de overheidsuitgaven per hoofd van de bevolking in de wereld ($523,5), en was 27,6% lager dan de overheidsuitgaven per hoofd van de bevolking in Amerika ($523,5).

De groei van de overheidsuitgaven in Puerto Rico bedroeg 5.1% in de jaren 1980, stond op de 49e plaats in de wereld, en was vergelijkbaar met de Dominicaanse Republiek (5,1%), Colombia (5,1%). De groei van de overheidsuitgaven in Puerto Rico (5,1%) was groter dan de groei van de overheidsuitgaven in de wereld (2,7%), was groter dan de groei van de overheidsuitgaven in Amerika

(2,5%).

Vergelijking met buren. De overheidsuitgaven van Puerto Rico was groter dan in de Dominicaanse Republiek (US$557,4 miljoen), in de Britse Maagdeneilanden (US$6,9 miljoen) en in Anguilla (US$3,8 miljoen). De overheidsuitgaven per hoofd in Puerto Rico was groter dan in Anguilla (US$497,6), in de Britse Maagdeneilanden (US$497,6) en in de Dominicaanse Republiek (US$87,1). De groei van de overheidsuitgaven in Puerto Rico was minder dan in de Britse Maagdeneilanden (11,0%), in Anguilla (5,6%) en in de Dominicaanse Republiek (5,1%).

Vergelijking met leiders. De overheidsuitgaven van Puerto Rico was minder dan in de Verenigde Staten (US$665,3 miljard), in Japan (US$257,4 miljard), in Duitsland (US$203,7 miljard), in de Sovjet-Unie (US$181,1 miljard) en in Frankrijk (US$159,8 miljard). De overheidsuitgaven per hoofd in Puerto Rico was groter dan in de Sovjet-Unie (US$658,0); maar minder dan in Frankrijk (US$2,8 duizend), in de Verenigde Staten (US$2,8 duizend), in Duitsland (US$2,6 duizend) en in Japan (US$2,1 duizend). De groei van de overheidsuitgaven in Puerto Rico was groter dan in Japan (3,5%), in Frankrijk (2,8%), in de Verenigde Staten (2,6%) en in Duitsland (0,98%); maar minder dan in de Sovjet-Unie (5,4%).

de jaren 1990

De overheidsuitgaven van Puerto Rico bedroeg in de jaren 1990 US$5,8 miljard per jaar, stond op de 54e plaats in de wereld, en was vergelijkbaar met Marokko (US$5,7 miljard). Het aandeel in de wereld was 0,12%, en 0,38% in Amerika.

Het aandeel van de overheidsuitgaven in het BBP van Puerto Rico was 13,6% in de jaren 1990, stond op de 129e plaats in de wereld, en was vergelijkbaar met Bolivia (13,5%), Benin (13,7%).

De overheidsuitgaven per hoofd in Puerto Rico was $1.644,5 in de jaren 1990s, stond op de 53e plaats in de wereld, en was vergelijkbaar met Slovenië (US$1.631,4), Macau (US$1.664,3), Libië (US$1.608,3). De overheidsuitgaven per hoofd in Puerto Rico was 99,4% hoger dan de overheidsuitgaven per hoofd van de bevolking in de wereld ($824,8), en was 16,6% lager dan de overheidsuitgaven per hoofd van de bevolking in Amerika ($824,8).

De groei van de overheidsuitgaven in Puerto Rico bedroeg 2.7% in de jaren 1990, stond op de 91e plaats in de wereld, en was vergelijkbaar met de Turks- en Caicoseilanden (2,7%), Monaco (2,7%). De groei van de overheidsuitgaven in Puerto Rico (2,7%) was groter dan de groei van de overheidsuitgaven in de wereld (2,0%), was groter dan de groei van de overheidsuitgaven in Amerika (1,1%).

Vergelijking met buren. De overheidsuitgaven van Puerto Rico was groter dan in de Dominicaanse Republiek (US$866,9 miljoen), in de Britse Maagdeneilanden (US$52,0 miljoen) en in Anguilla (US$14,1 miljoen). De overheidsuitgaven per hoofd in Puerto Rico was groter dan in Anguilla (US$1.429,9) en in de Dominicaanse Republiek (US$111,9); maar minder dan in de Britse Maagdeneilanden (US$2,7 duizend). De groei van de overheidsuitgaven in Puerto Rico was minder dan in de Britse Maagdeneilanden (15,8%), in Anguilla (8,0%) en in de Dominicaanse Republiek (7,5%).

Vergelijking met leiders. De overheidsuitgaven van Puerto Rico was minder dan in de Verenigde Staten (US$1,1 biljoen), in Japan (US$651,8 miljard), in Duitsland (US$419,6 miljard), in Frankrijk (US$325,4 miljard) en in het Verenigd Koninkrijk (US$234,6 miljard). De overheidsuitgaven per hoofd in Puerto Rico was minder dan in Frankrijk (US$5,5 duizend), in Duitsland (US$5,2 duizend), in Japan (US$5,2 duizend), in de Verenigde Staten (US$4,3 duizend) en in het Verenigd Koninkrijk (US$4,1 duizend). De groei van de overheidsuitgaven in Puerto Rico was groter dan in Duitsland (2,4%), in het Verenigd Koninkrijk (2,1%), in Frankrijk (1,8%) en in de Verenigde Staten (1,3%); maar minder dan in Japan (3,0%).

de jaren 2000

De overheidsuitgaven van Puerto Rico bedroeg in de jaren 2000 US$9,4 miljard per jaar, stond op de 58e plaats in de wereld. Het aandeel in de wereld was 0,12%, en 0,36% in Amerika.

Het aandeel van de overheidsuitgaven in het BBP van Puerto Rico was 11,5% in de jaren 2000, stond op de 160e plaats in de wereld, en was vergelijkbaar met Malawi (11,6%), Trinidad en Tobago (11,6%).

De overheidsuitgaven per hoofd in Puerto Rico was $2.575,0 in de jaren 2000s, stond op de 56e plaats in de wereld, en was vergelijkbaar met Hongkong (US$2,6 duizend), Oman (US$2,5 duizend), Macau (US$2,6 duizend). De overheidsuitgaven per hoofd in Puerto Rico was in 2,1 keer hoger dan de overheidsuitgaven per hoofd van de bevolking in de wereld ($1.200,9), en was 12,2% lager dan de overheidsuitgaven per hoofd van de bevolking in Amerika ($1.200,9).

De groei van de overheidsuitgaven in Puerto Rico bedroeg 0.7% in de jaren 2000, stond op de 190e plaats in de wereld. De groei van de overheidsuitgaven in Puerto Rico (0,69%) was minder dan de groei van de overheidsuitgaven in de wereld (3,1%), was minder dan de groei van de overheidsuitgaven in Amerika (2,4%).

Vergelijking met buren. De overheidsuitgaven van Puerto Rico was groter dan in de Dominicaanse Republiek (US$3,1 miljard), in de Britse Maagdeneilanden (US$90,8 miljoen) en in Anguilla (US$30,6 miljoen). De overheidsuitgaven per hoofd in Puerto Rico was groter dan in Anguilla (US$2,5 duizend) en in de Dominicaanse Republiek (US$339,5); maar minder dan in de Britse Maagdeneilanden (US$3,9 duizend). De groei van de overheidsuitgaven in Puerto Rico was groter dan in de Britse Maagdeneilanden (-1,4%); maar minder dan in Anguilla (6,7%) en in de Dominicaanse Republiek (4,9%).

Vergelijking met leiders. De overheidsuitgaven van Puerto Rico was minder dan in de Verenigde Staten (US$1,9 biljoen), in Japan (US$844,2 miljard), in Duitsland (US$520,1 miljard), in Frankrijk (US$479,9 miljard) en in het Verenigd Koninkrijk (US$453,4 miljard). De overheidsuitgaven per hoofd in Puerto Rico was minder dan in Frankrijk (US$7,6 duizend), in het Verenigd Koninkrijk (US$7,5 duizend), in Japan (US$6,6 duizend), in de Verenigde Staten (US$6,5 duizend) en in Duitsland (US$6,4 duizend). De groei van de overheidsuitgaven in Puerto Rico was minder dan in het Verenigd Koninkrijk (2,9%), in de Verenigde Staten (2,2%), in Japan (1,7%), in Frankrijk (1,7%) en in Duitsland (1,4%).

de jaren 2010

De overheidsuitgaven van Puerto Rico bedroeg in de jaren 2010 US$9,8 miljard per jaar, stond op de 69e plaats in de wereld. Het aandeel in de wereld was 0,075%, en 0,25% in Amerika.

Het aandeel van de overheidsuitgaven in het BBP van Puerto Rico was 9,6% in de jaren 2010, stond op de 193e plaats in de wereld, en was vergelijkbaar met Malawi (9,5%), Sierra Leone (9,5%), Tsjaad (9,6%).

De overheidsuitgaven per hoofd in Puerto Rico was $2.923,7 in de jaren 2010s, stond op de 65e plaats in de wereld, en was vergelijkbaar met Hongarije (US$2,9 duizend), Libië (US$2,9 duizend). De overheidsuitgaven per hoofd in Puerto Rico was 63,8% hoger dan de overheidsuitgaven per hoofd van de bevolking in de wereld ($1.785,1), en was 27,5% lager dan de overheidsuitgaven per hoofd van de bevolking in Amerika ($1.785,1).

De groei van de overheidsuitgaven in Puerto Rico bedroeg -0.3% in de jaren 2010, stond op de 188e plaats in de wereld. De groei van de overheidsuitgaven in Puerto Rico (-0,34%) was minder dan de groei van de overheidsuitgaven in de wereld (2,3%), was minder dan de groei van de overheidsuitgaven in Amerika (0,45%).

Vergelijking met buren. De overheidsuitgaven van Puerto Rico was 33,5% groter dan in de Dominicaanse Republiek (US$7,3 miljard), 102,3 keer groter dan in de Britse Maagdeneilanden (US$95,6 miljoen) en 196,6 keer groter dan in Anguilla (US$49,7 miljoen). De overheidsuitgaven per hoofd in Puerto Rico was 4,1 keer groter dan in de Dominicaanse Republiek (US$716,6); maar 16,6% minder dan in Anguilla (US$3,5 duizend) en 11,1% minder dan in de Britse Maagdeneilanden (US$3,3 duizend). De groei van de overheidsuitgaven in Puerto Rico was groter dan in Anguilla (-0,84%); maar minder dan in de Dominicaanse Republiek (3,8%) en in de Britse Maagdeneilanden (1,2%).

Vergelijking met leiders. De overheidsuitgaven van Puerto Rico was 271,4 keer minder dan in de Verenigde Staten (US$2,7 biljoen), 171,8 keer minder dan in China (US$1,7 biljoen), 106,7 keer minder dan in Japan (US$1,0 biljoen), 73,8 keer minder dan in Duitsland (US$721,6 miljard) en 65,3 keer minder dan in Frankrijk (US$637,9 miljard). De overheidsuitgaven per hoofd in Puerto Rico was 2,4 keer groter dan in China (US$1.197,3); maar 3,3 keer minder dan in Frankrijk (US$9,6 duizend), 3,0 keer minder dan in Duitsland (US$8,8 duizend), 2,8 keer minder dan in de Verenigde Staten (US$8,3 duizend) en 2,8 keer minder dan in Japan (US$8,2 duizend). De groei van de overheidsuitgaven in Puerto Rico was minder dan in China (8,3%), in Duitsland (1,9%), in Japan (1,3%), in Frankrijk (1,3%) en in de Verenigde Staten (0,0052%).

Hoofdstuk XIII. Huishoudelijke uitgaven

Consumptieve bestedingen van de huishoudens

De huishoudelijke uitgaven van Puerto Rico steeg van US$6,6 miljard per jaar in de jaren 1970 tot US$61,9 miljard per jaar in de jaren 2010, dat wil zeggen met US$55,3 miljard of 9,4 keer. De verandering vond plaats op US$43,9 miljard als gevolg van een 3,4-voudige stijging van de prijzen, en ook op US$10,2 miljard als gevolg van een 2,3-voudige toename van het tarief per hoofd , evenals op US$1,2 miljard als gevolg van de toename van de bevolking. De gemiddelde jaarlijkse groei van de huishoudelijke uitgaven is 2,5%. De minimumwaarde van de huishoudelijke uitgaven bedroeg US$3,8 miljard in 1970. De maximumwaarde van de huishoudelijke uitgaven bedroeg US$68,7 miljard in 2019.

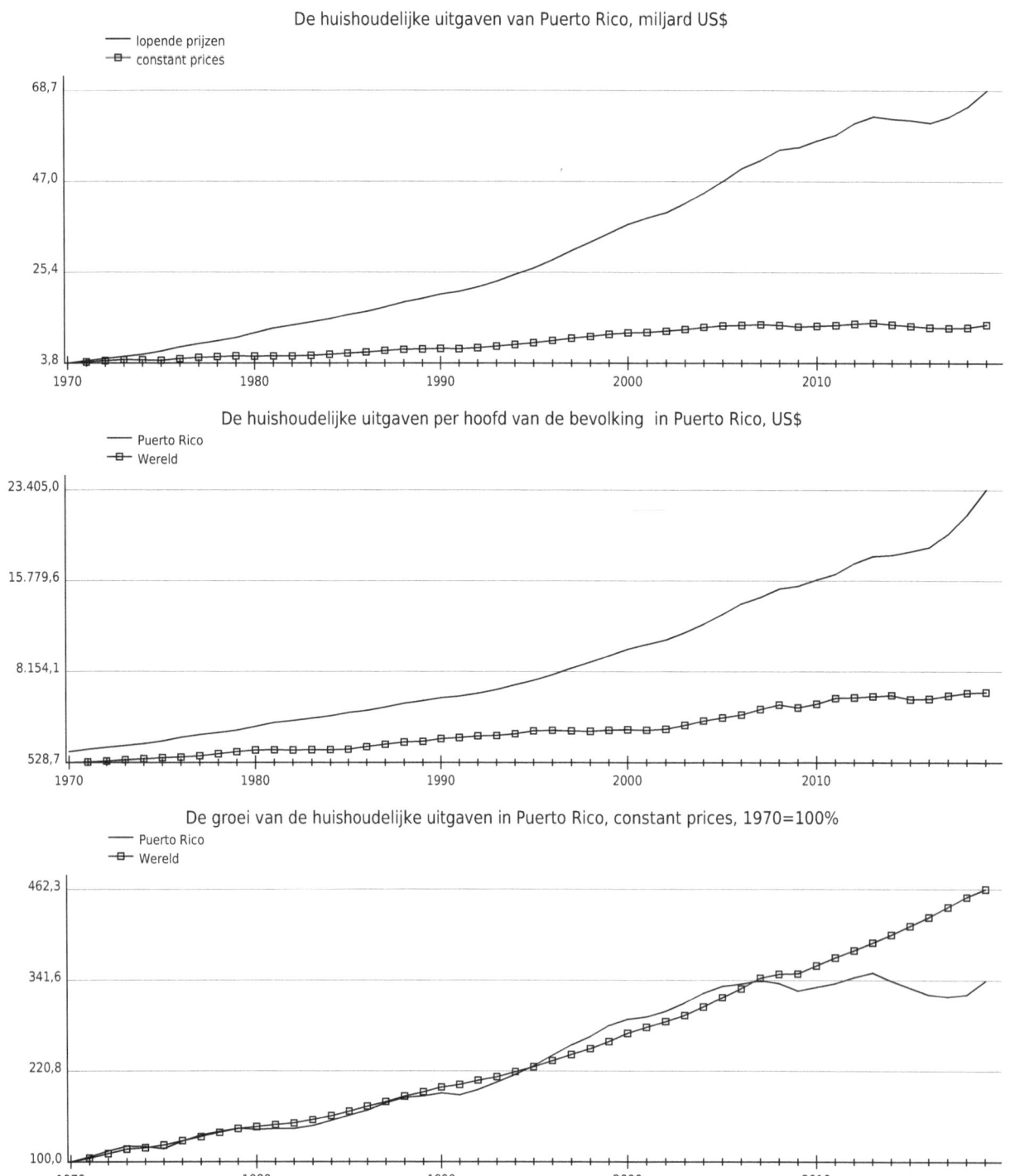

De huishoudelijke uitgaven van Puerto Rico, miljard US$

De huishoudelijke uitgaven per hoofd van de bevolking in Puerto Rico, US$

De groei van de huishoudelijke uitgaven in Puerto Rico, constant prices, 1970=100%

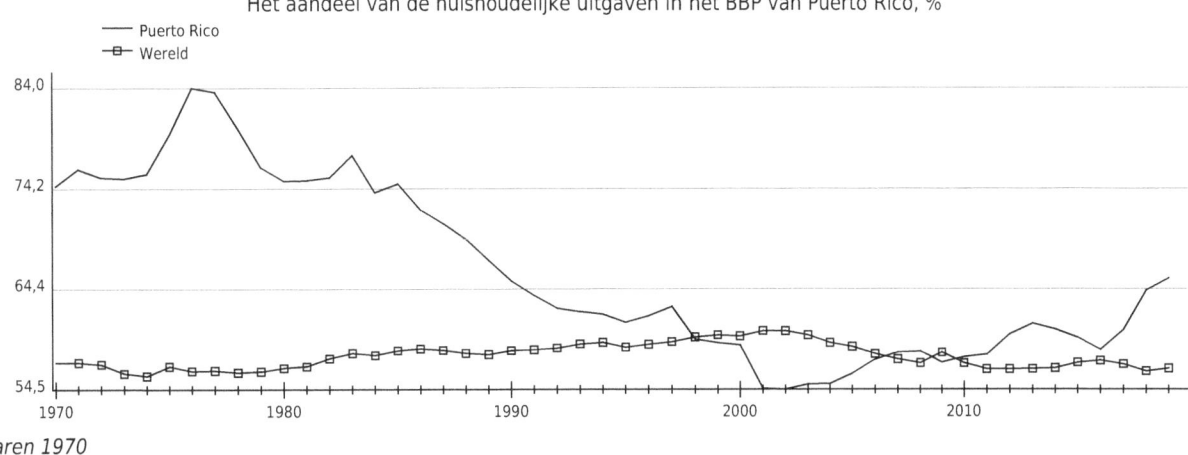

Het aandeel van de huishoudelijke uitgaven in het BBP van Puerto Rico, %

de jaren 1970

De huishoudelijke uitgaven van Puerto Rico bedroeg in de jaren 1970 US$6,6 miljard per jaar, stond op de 52e plaats in de wereld, en was vergelijkbaar met Cuba (US$6,6 miljard), Israël (US$6,6 miljard). Het aandeel in de wereld was 0,18%, en 0,48% in Amerika.

Het aandeel van de huishoudelijke uitgaven in het BBP van Puerto Rico was 78,4% in de jaren 1970, stond op de 38e plaats in de wereld, en was vergelijkbaar met Groenland (78,3%), Somalië (78,7%), Colombia (78,1%).

De huishoudelijke uitgaven per hoofd in Puerto Rico was $2.326,1 in de jaren 1970s, stond op de 34e plaats in de wereld, en was vergelijkbaar met Italië (US$2,3 duizend). De huishoudelijke uitgaven per hoofd in Puerto Rico was in 2,5 keer hoger dan de huishoudelijke uitgaven per hoofd van de bevolking in de wereld ($914,8), en was 5,7% lager dan de huishoudelijke uitgaven per hoofd van de bevolking in Amerika ($914,8).

De groei van de huishoudelijke uitgaven in Puerto Rico bedroeg 4.2% in de jaren 1970, stond op de 93e plaats in de wereld, en was vergelijkbaar met de Wereld (4,1%), Marokko (4,1%), Spanje (4,1%). De groei van de huishoudelijke uitgaven in Puerto Rico (4,2%) was groter dan de groei van de huishoudelijke uitgaven in de wereld (4,1%), was groter dan de groei van de huishoudelijke uitgaven in Amerika (4,1%).

Vergelijking met buren. De huishoudelijke uitgaven van Puerto Rico was groter dan in de Dominicaanse Republiek (US$3,0 miljard), in de Britse Maagdeneilanden (US$10,6 miljoen) en in Anguilla (US$2,7 miljoen). De huishoudelijke uitgaven per hoofd in Puerto Rico was groter dan in de Britse Maagdeneilanden (US$1.003,1), in de Dominicaanse Republiek (US$589,0) en in Anguilla (US$383,4). De groei van de huishoudelijke uitgaven in Puerto Rico was groter dan in Anguilla (3,9%) en in de Britse Maagdeneilanden (-1,9%); maar minder dan in de Dominicaanse Republiek (5,9%).

Vergelijking met leiders. De huishoudelijke uitgaven van Puerto Rico was minder dan in de Verenigde Staten (US$1,0 biljoen), in de Sovjet-Unie (US$310,6 miljard), in Japan (US$280,9 miljard), in Duitsland (US$277,8 miljard) en in Frankrijk (US$180,7 miljard). De huishoudelijke uitgaven per hoofd in Puerto Rico was groter dan in de Sovjet-Unie (US$1.231,6); maar minder dan in de Verenigde Staten (US$4,7 duizend), in Duitsland (US$3,5 duizend), in Frankrijk (US$3,4 duizend) en in Japan (US$2,5 duizend). De groei van de huishoudelijke uitgaven in Puerto Rico was groter dan in Frankrijk (4,0%), in de Verenigde Staten (3,6%) en in Duitsland (3,6%); maar minder dan in Japan (5,1%) en in de Sovjet-Unie (4,7%).

de jaren 1980

De huishoudelijke uitgaven van Puerto Rico bedroeg in de jaren 1980 US$15,0 miljard per jaar, stond op de 52e plaats in de wereld, en was vergelijkbaar met Peru (US$15,1 miljard). Het aandeel in de wereld was 0,17%, en 0,44% in Amerika.

Het aandeel van de huishoudelijke uitgaven in het BBP van Puerto Rico was 72,4% in de jaren 1980, stond op de 60e plaats in de wereld, en was vergelijkbaar met Niger (72,5%), Honduras (72,3%), de Dominicaanse Republiek (72,1%).

De huishoudelijke uitgaven per hoofd in Puerto Rico was $4.625,6 in de jaren 1980s, stond op de 36e plaats in de wereld, en was vergelijkbaar met Hongkong (US$4,6 duizend), Qatar (US$4,6 duizend), Israël (US$4,7 duizend). De huishoudelijke uitgaven per hoofd in Puerto Rico was in 2,6 keer hoger dan de huishoudelijke uitgaven per hoofd van de bevolking in de wereld ($1.808,0), en was 9,1% lager dan de huishoudelijke uitgaven per hoofd van de bevolking in Amerika ($1.808,0).

De groei van de huishoudelijke uitgaven in Puerto Rico bedroeg 2.6% in de jaren 1980, stond op de 103e plaats in de wereld, en was vergelijkbaar met San Marino (2,6%). De groei van de huishoudelijke uitgaven in Puerto Rico (2,6%) was minder dan de groei van de huishoudelijke uitgaven in de wereld (3,0%), was minder dan de groei van de huishoudelijke uitgaven in Amerika (2,9%).

Vergelijking met buren. De huishoudelijke uitgaven van Puerto Rico was groter dan in de Dominicaanse Republiek (US$6,1 miljard), in de Britse Maagdeneilanden (US$27,3 miljoen) en in Anguilla (US$12,7 miljoen). De huishoudelijke uitgaven per hoofd in Puerto Rico was groter dan in de Britse Maagdeneilanden (US$1.968,1), in Anguilla (US$1.679,0) en in de Dominicaanse Republiek (US$946,7). De groei van de huishoudelijke uitgaven in Puerto Rico was minder dan in Anguilla (7,7%), in de Britse Maagdeneilanden (4,7%) en in de Dominicaanse Republiek (3,6%).

Vergelijking met leiders. De huishoudelijke uitgaven van Puerto Rico was minder dan in de Verenigde Staten (US$2,6 biljoen), in Japan (US$945,6 miljard), in Duitsland (US$575,7 miljard), in de Sovjet-Unie (US$424,6 miljard) en in het Verenigd Koninkrijk (US$416,5 miljard). De huishoudelijke uitgaven per hoofd in Puerto Rico was groter dan in de Sovjet-Unie (US$1.542,8); maar minder dan in de Verenigde Staten (US$10,9 duizend), in Japan (US$7,8 duizend), in Duitsland (US$7,4 duizend) en in het Verenigd Koninkrijk (US$7,4 duizend). De groei van de huishoudelijke uitgaven in Puerto Rico was groter dan in Duitsland (1,8%); maar minder dan in Japan (3,7%), in het Verenigd Koninkrijk (3,5%), in de Verenigde Staten (3,2%) en in de Sovjet-Unie (3,0%).

de jaren 1990

De huishoudelijke uitgaven van Puerto Rico bedroeg in de jaren 1990 US$26,4 miljard per jaar, stond op de 51e plaats in de wereld, en was vergelijkbaar met Algerije (US$25,9 miljard). Het aandeel in de wereld was 0,16%, en 0,41% in Amerika.

Het aandeel van de huishoudelijke uitgaven in het BBP van Puerto Rico was 61,6% in de jaren 1990, stond op de 118e plaats in de wereld, en was vergelijkbaar met Saint Kitts en Nevis (61,7%), Litouwen (61,8%), Marokko (61,5%).

De huishoudelijke uitgaven per hoofd in Puerto Rico was $7.447,9 in de jaren 1990s, stond op de 40e plaats in de wereld. De huishoudelijke uitgaven per hoofd in Puerto Rico was in 2,5 keer hoger dan de huishoudelijke uitgaven per hoofd van de bevolking in de wereld ($2.963,9), en was 11,3% lager dan de huishoudelijke uitgaven per hoofd van de bevolking in Amerika ($2.963,9).

De groei van de huishoudelijke uitgaven in Puerto Rico bedroeg 4.1% in de jaren 1990, stond op de 62e plaats in de wereld, en was vergelijkbaar met Vanuatu (4,1%), Bhutan (4,1%), Costa Rica (4,2%). De groei van de huishoudelijke uitgaven in Puerto Rico (4,1%) was groter dan de groei van de huishoudelijke uitgaven in de wereld (3,0%), was groter dan de groei van de huishoudelijke uitgaven in Amerika (3,3%).

Vergelijking met buren. De huishoudelijke uitgaven van Puerto Rico was groter dan in de Dominicaanse Republiek (US$11,7 miljard), in de Britse Maagdeneilanden (US$183,0 miljoen) en in Anguilla (US$66,7 miljoen). De huishoudelijke uitgaven per hoofd in Puerto Rico was groter dan in Anguilla (US$6,8 duizend) en in de Dominicaanse Republiek (US$1.510,1); maar minder dan in de Britse Maagdeneilanden (US$9,6 duizend). De groei van de huishoudelijke uitgaven in Puerto Rico was minder dan in de Britse Maagdeneilanden (17,8%), in Anguilla (13,6%) en in de Dominicaanse Republiek (4,7%).

Vergelijking met leiders. De huishoudelijke uitgaven van Puerto Rico was minder dan in de Verenigde Staten (US$4,9 biljoen), in Japan (US$2,3 biljoen), in Duitsland (US$1,2 biljoen), in het Verenigd Koninkrijk (US$884,5 miljard) en in Frankrijk (US$783,0 miljard). De huishoudelijke uitgaven per hoofd in Puerto Rico was minder dan in de Verenigde Staten (US$18,5 duizend), in Japan (US$18,2 duizend), in het Verenigd Koninkrijk (US$15,3 duizend), in Duitsland (US$15,2 duizend) en in Frankrijk (US$13,2 duizend). De groei van de huishoudelijke uitgaven in Puerto Rico was groter dan in de Verenigde Staten (3,4%), in het Verenigd Koninkrijk (2,8%), in Duitsland (2,1%), in Japan (1,8%) en in Frankrijk (1,8%).

de jaren 2000

De huishoudelijke uitgaven van Puerto Rico bedroeg in de jaren 2000 US$46,0 miljard per jaar, stond op de 54e plaats in de wereld. Het aandeel in de wereld was 0,17%, en 0,42% in Amerika.

Het aandeel van de huishoudelijke uitgaven in het BBP van Puerto Rico was 56,6% in de jaren 2000, stond op de 144e plaats in de wereld, en was vergelijkbaar met Australië (56,8%), Europa (56,4%), Australazië (56,9%).

De huishoudelijke uitgaven per hoofd in Puerto Rico was $12.640,6 in de jaren 2000s, stond op de 41e plaats in de wereld, en was vergelijkbaar met Curaçao (US$12,6 duizend), Amerika (US$12,5 duizend), Singapore (US$12,5 duizend). De huishoudelijke uitgaven per hoofd in Puerto Rico was in 3,0 keer hoger dan de huishoudelijke uitgaven per hoofd van de bevolking in de wereld ($4.208,2), en was 0,94% hoger dan de huishoudelijke uitgaven per hoofd van de bevolking in Amerika ($4.208,2).

De groei van de huishoudelijke uitgaven in Puerto Rico bedroeg 1.5% in de jaren 2000, stond op de 177e plaats in de wereld, en was vergelijkbaar met Zuid-Europa (1,5%), Zwitserland (1,5%). De groei van de huishoudelijke uitgaven in Puerto Rico (1,5%) was minder dan de groei van de huishoudelijke uitgaven in de wereld (3,0%), was minder dan de groei van de huishoudelijke uitgaven in Amerika (2,7%).

Vergelijking met buren. De huishoudelijke uitgaven van Puerto Rico was groter dan in de Dominicaanse Republiek (US$23,8 miljard), in de Britse Maagdeneilanden (US$364,1 miljoen) en in Anguilla (US$197,9 miljoen). De huishoudelijke uitgaven per hoofd in Puerto Rico was groter dan in de Dominicaanse Republiek (US$2,6 duizend); maar minder dan in Anguilla (US$16,1 duizend) en in de Britse Maagdeneilanden (US$15,7 duizend). De groei van de huishoudelijke uitgaven in Puerto Rico was groter dan in de Britse Maagdeneilanden (-0,73%); maar minder dan in de Dominicaanse Republiek (5,8%) en in Anguilla (4,9%).

Vergelijking met leiders. De huishoudelijke uitgaven van Puerto Rico was minder dan in de Verenigde Staten (US$8,5 biljoen), in Japan (US$2,6 biljoen), in Duitsland (US$1,5 biljoen), in het Verenigd Koninkrijk (US$1,5 biljoen) en in Frankrijk (US$1,1 biljoen). De huishoudelijke uitgaven per hoofd in Puerto Rico was minder dan in de Verenigde Staten (US$28,8 duizend), in het Verenigd Koninkrijk (US$25,0 duizend), in Japan (US$20,4 duizend), in Duitsland (US$18,9 duizend) en in Frankrijk (US$18,1 duizend). De groei van de huishoudelijke uitgaven in Puerto Rico was groter dan in Japan (0,81%) en in Duitsland (0,46%); maar minder dan in de Verenigde Staten (2,4%), in het Verenigd Koninkrijk (2,1%) en in Frankrijk (2,0%).

de jaren 2010

De huishoudelijke uitgaven van Puerto Rico bedroeg in de jaren 2010 US$61,9 miljard per jaar, stond op de 59e plaats in de wereld, en was vergelijkbaar met Marokko (US$62,4 miljard). Het aandeel in de wereld was 0,14%, en 0,37% in Amerika.

Het aandeel van de huishoudelijke uitgaven in het BBP van Puerto Rico was 60,5% in de jaren 2010, stond op de 126e plaats in de wereld, en was vergelijkbaar met Letland (60,6%), Italië (60,6%), Ecuador (60,4%).

De huishoudelijke uitgaven per hoofd in Puerto Rico was $18.507,3 in de jaren 2010s, stond op de 33e plaats in de wereld, en was vergelijkbaar met Cyprus (US$18,5 duizend). De huishoudelijke uitgaven per hoofd in Puerto Rico was in 3,1 keer hoger dan de huishoudelijke uitgaven per hoofd van de bevolking in de wereld ($6.018,5), en was 6,4% hoger dan de huishoudelijke uitgaven per hoofd van de bevolking in Amerika ($6.018,5).

De groei van de huishoudelijke uitgaven in Puerto Rico bedroeg 0.4% in de jaren 2010, stond op de 189e plaats in de wereld. De groei van de huishoudelijke uitgaven in Puerto Rico (0,39%) was minder dan de groei van de huishoudelijke uitgaven in de wereld (2,8%), was minder dan de groei van de huishoudelijke uitgaven in Amerika (2,2%).

Vergelijking met buren. De huishoudelijke uitgaven van Puerto Rico was 23,5% groter dan in de Dominicaanse Republiek (US$50,1 miljard), 156,1 keer groter dan in de Britse Maagdeneilanden (US$396,3 miljoen) en 245,7 keer groter dan in Anguilla (US$251,8 miljoen). De huishoudelijke uitgaven per hoofd in Puerto Rico was 4,2% groter dan in Anguilla (US$17,8 duizend), 35,7% groter dan in de Britse Maagdeneilanden (US$13,6 duizend) en 3,8 keer groter dan in de Dominicaanse Republiek (US$4,9 duizend). De groei van de huishoudelijke uitgaven in Puerto Rico was minder dan in de Dominicaanse Republiek (4,8%), in Anguilla (2,5%) en in de Britse Maagdeneilanden (1,3%).

Vergelijking met leiders. De huishoudelijke uitgaven van Puerto Rico was 197,0 keer minder dan in de Verenigde Staten (US$12,2 biljoen), 63,5 keer minder dan in China (US$3,9 biljoen), 48,3 keer minder dan in Japan (US$3,0 biljoen), 31,6 keer minder dan in Duitsland (US$2,0 biljoen) en 28,8 keer minder dan in het Verenigd Koninkrijk (US$1,8 biljoen). De huishoudelijke uitgaven per hoofd in Puerto Rico was 6,6 keer groter dan in China (US$2,8 duizend); maar 2,1 keer minder dan in de Verenigde Staten (US$38,2 duizend), 31,9% minder dan in het Verenigd Koninkrijk (US$27,2 duizend), 22,6% minder dan in Duitsland (US$23,9 duizend) en 20,7% minder dan in Japan (US$23,4 duizend). De groei van de huishoudelijke uitgaven in Puerto Rico was minder dan in China (8,3%), in de Verenigde Staten (2,4%), in het Verenigd Koninkrijk (1,8%), in Duitsland (1,4%) en in Japan (0,64%).

Part V. Reproductie

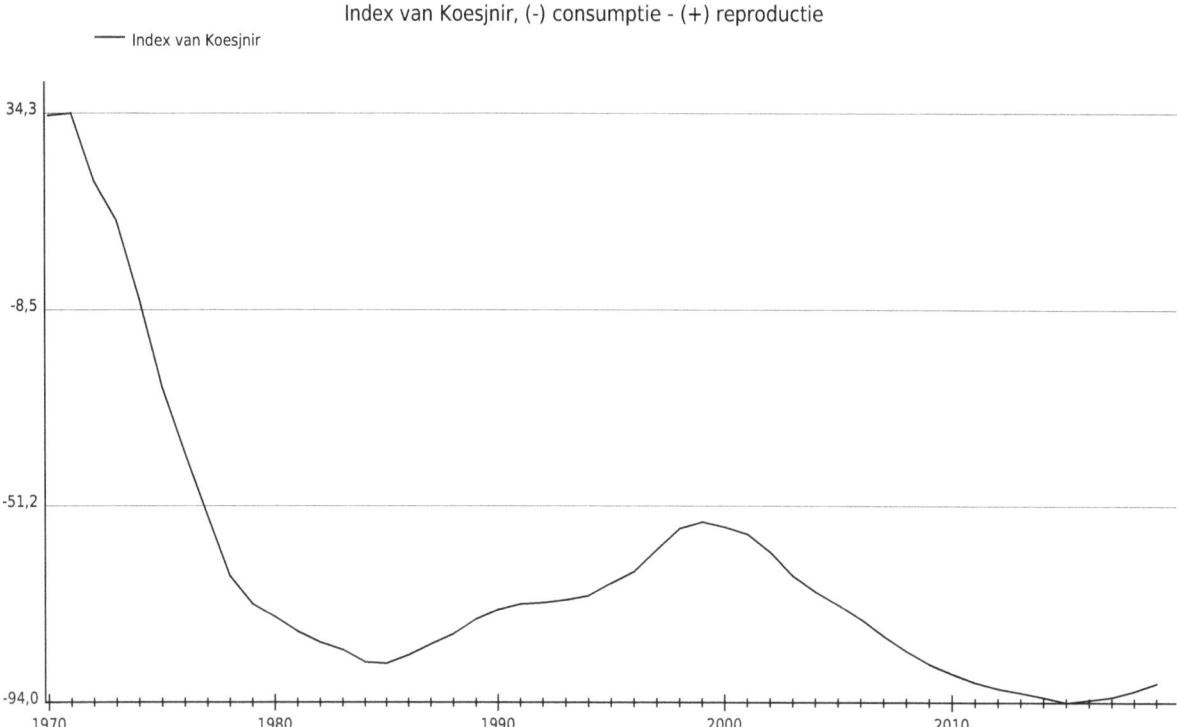

Index van Koesjnir, (-) consumptie - (+) reproductie

Hoofdstuk XIV. Bruto-investeringen in vaste activa

De bruto-investeringen in vaste activa van Puerto Rico steeg van US$1,7 miljard per jaar in de jaren 1970 tot US$10,4 miljard per jaar in de jaren 2010, dat wil zeggen met US$8,7 miljard of 6,1 keer. De verandering vond plaats op US$7,1 miljard als gevolg van een 3,1-voudige stijging van de prijzen, en ook op US$1,3 miljard als gevolg van een 1,6-voudige toename van het tarief per hoofd , evenals op US$313,4 miljoen als gevolg van de toename van de bevolking. De gemiddelde jaarlijkse groei van de investeringen in vaste activa is 1,9%. De minimumwaarde van de investeringen in vaste activa bedroeg US$1,4 miljard in 1970. De maximumwaarde van de investeringen in vaste activa bedroeg US$15,9 miljard in 2018.

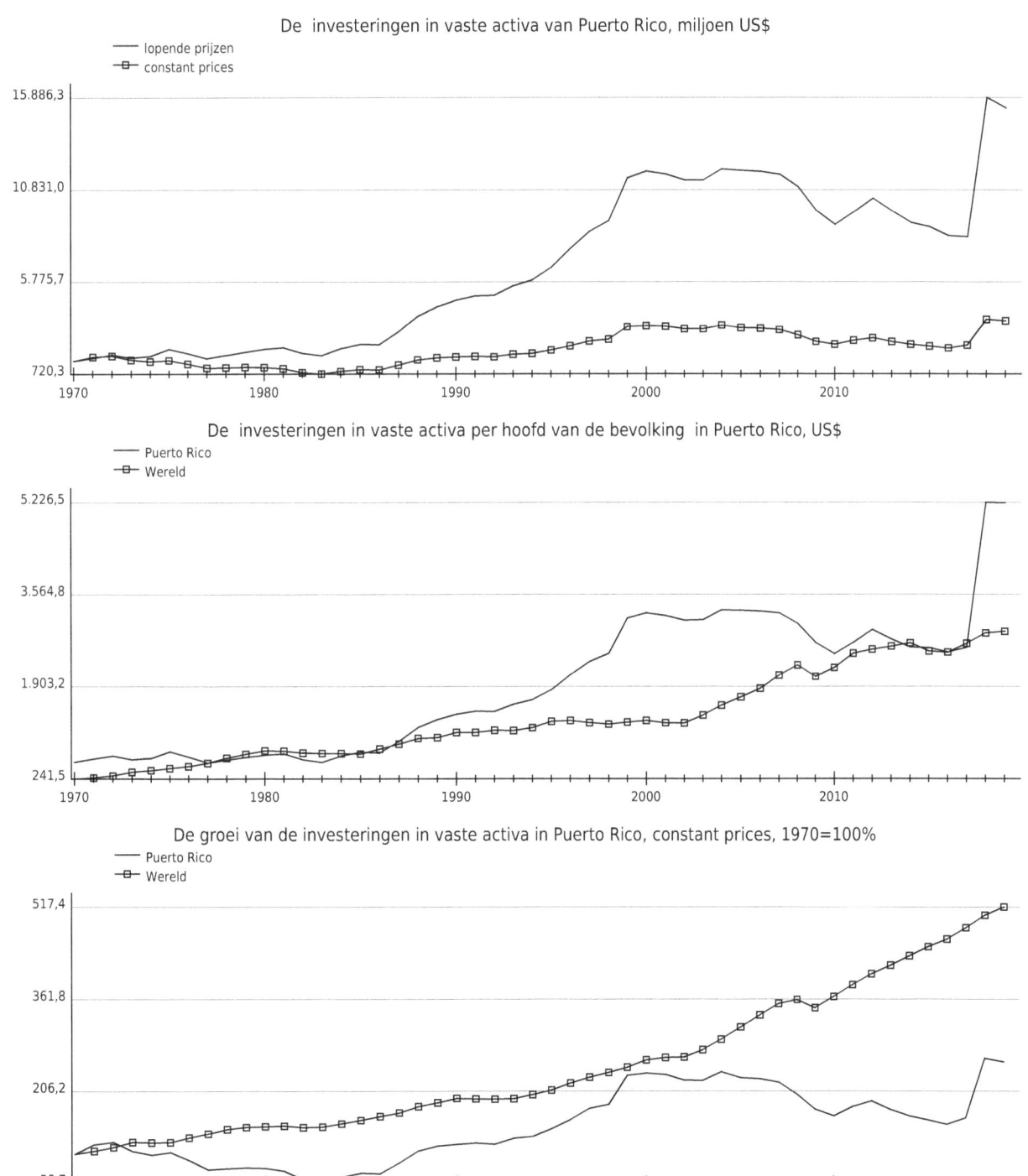

De investeringen in vaste activa van Puerto Rico, miljoen US$

De investeringen in vaste activa per hoofd van de bevolking in Puerto Rico, US$

De groei van de investeringen in vaste activa in Puerto Rico, constant prices, 1970=100%

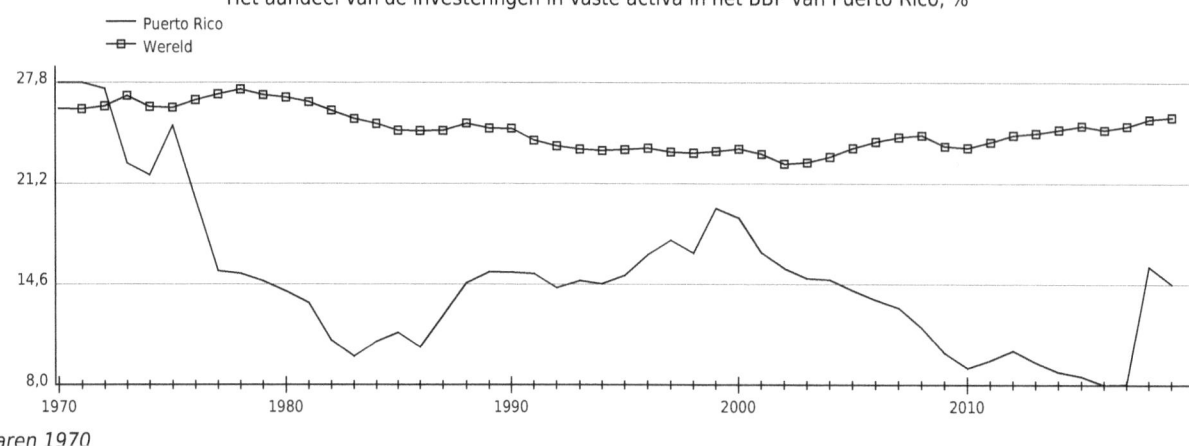

Het aandeel van de investeringen in vaste activa in het BBP van Puerto Rico, %

de jaren 1970

De investeringen in vaste activa van Puerto Rico bedroeg in de jaren 1970 US$1,7 miljard per jaar, stond op de 59e plaats in de wereld. Het aandeel in de wereld was 0,098%, en 0,34% in Amerika.

Het aandeel van de investeringen in vaste activa in het BBP van Puerto Rico was 20,5% in de jaren 1970, stond op de 116e plaats in de wereld, en was vergelijkbaar met Saint Kitts en Nevis (20,5%), Honduras (20,6%).

De bruto-investeringen in vaste activa per hoofd in Puerto Rico was $607,8 in de jaren 1970s, stond op de 51e plaats in de wereld, en was vergelijkbaar met Iran (US$607,9). De investeringen in vaste activa per hoofd in Puerto Rico was 40,2% hoger dan de investeringen in vaste activa per hoofd van de bevolking in de wereld ($433,5), en was 33,5% lager dan de investeringen in vaste activa per hoofd van de bevolking in Amerika ($433,5).

De groei van de investeringen in vaste activa in Puerto Rico bedroeg -2.9% in de jaren 1970, stond op de 175e plaats in de wereld. De groei van de investeringen in vaste activa in Puerto Rico (-2,9%) was minder dan de groei van de investeringen in vaste activa in de wereld (4,2%), was minder dan de groei van de investeringen in vaste activa in Amerika (5,3%).

Vergelijking met buren. De bruto-investeringen in vaste activa van Puerto Rico was groter dan in de Dominicaanse Republiek (US$829,3 miljoen), in de Britse Maagdeneilanden (US$4,1 miljoen) en in Anguilla (US$3,1 miljoen). De investeringen in vaste activa per hoofd in Puerto Rico was groter dan in Anguilla (US$444,0), in de Britse Maagdeneilanden (US$392,4) en in de Dominicaanse Republiek (US$163,2). De groei van de investeringen in vaste activa in Puerto Rico was groter dan in de Britse Maagdeneilanden (-3,8%); maar minder dan in de Dominicaanse Republiek (11,5%) en in Anguilla (3,8%).

Vergelijking met leiders. De investeringen in vaste activa van Puerto Rico was minder dan in de Verenigde Staten (US$381,9 miljard), in de Sovjet-Unie (US$214,6 miljard), in Japan (US$191,6 miljard), in Duitsland (US$125,8 miljard) en in Frankrijk (US$82,9 miljard). De investeringen in vaste activa per hoofd in Puerto Rico was minder dan in de Verenigde Staten (US$1.750,0), in Japan (US$1.720,7), in Duitsland (US$1.597,2), in Frankrijk (US$1.545,4) en in de Sovjet-Unie (US$850,9). De groei van de investeringen in vaste activa in Puerto Rico was minder dan in de Verenigde Staten (4,4%), in Japan (3,9%), in de Sovjet-Unie (3,2%), in Frankrijk (2,7%) en in Duitsland (1,5%).

de jaren 1980

De investeringen in vaste activa van Puerto Rico bedroeg in de jaren 1980 US$2,6 miljard per jaar, stond op de 64e plaats in de wereld. Het aandeel in de wereld was 0,068%, en 0,21% in Amerika.

Het aandeel van de investeringen in vaste activa in het BBP van Puerto Rico was 12,5% in de jaren 1980, stond op de 167e plaats in de wereld, en was vergelijkbaar met Vietnam (12,5%), Brunei (12,5%).

De bruto-investeringen in vaste activa per hoofd in Puerto Rico was $799,3 in de jaren 1980s, stond op de 65e plaats in de wereld, en was vergelijkbaar met de Wereld (US$790,9), Zuidwest-Azië (US$780,4). De bruto-investeringen in vaste activa per hoofd in Puerto Rico was 1,1% hoger dan de investeringen in vaste activa per hoofd van de bevolking in de wereld ($790,9), en was in 2,3 keer lager dan de investeringen in vaste activa per hoofd van de bevolking in Amerika ($790,9).

De groei van de investeringen in vaste activa in Puerto Rico bedroeg 4% in de jaren 1980, stond op de 66e plaats in de wereld, en was vergelijkbaar met Canada (3,9%). De groei van de investeringen in vaste activa in Puerto Rico (4,0%) was groter dan de groei van de investeringen in vaste activa in de wereld (2,5%), was groter dan de groei van de investeringen in vaste activa in Amerika (1,9%).

Vergelijking met buren. De bruto-investeringen in vaste activa van Puerto Rico was groter dan in de Dominicaanse Republiek (US$1,8 miljard), in de Britse Maagdeneilanden (US$15,5 miljoen) en in Anguilla (US$14,0 miljoen). De investeringen in vaste activa per hoofd in Puerto Rico was groter dan in de Dominicaanse Republiek (US$282,5); maar minder dan in Anguilla (US$1.854,7) en in de Britse Maagdeneilanden (US$1.120,7). De groei van de investeringen in vaste activa in Puerto Rico was groter dan in de Dominicaanse Republiek (3,6%); maar minder dan in de Britse Maagdeneilanden (5,9%) en in Anguilla (5,9%).

Vergelijking met leiders. De investeringen in vaste activa van Puerto Rico was minder dan in de Verenigde Staten (US$958,4 miljard), in Japan (US$571,7 miljard), in de Sovjet-Unie (US$271,0 miljard), in Duitsland (US$238,1 miljard) en in Frankrijk (US$164,3 miljard). De bruto-investeringen in vaste activa per hoofd in Puerto Rico was minder dan in Japan (US$4,7 duizend), in de Verenigde Staten (US$4,0 duizend), in Duitsland (US$3,1 duizend), in Frankrijk (US$2,9 duizend) en in de Sovjet-Unie (US$984,8). De groei van de investeringen in vaste activa in Puerto Rico was groter dan in de Verenigde Staten (3,1%), in Frankrijk (2,4%), in de Sovjet-Unie (1,7%) en in Duitsland (1,4%); maar minder dan in Japan (4,8%).

de jaren 1990

De investeringen in vaste activa van Puerto Rico bedroeg in de jaren 1990 US$7,0 miljard per jaar, stond op de 55e plaats in de wereld, en was vergelijkbaar met Bangladesh (US$7,0 miljard). Het aandeel in de wereld was 0,10%, en 0,33% in Amerika.

Het aandeel van de investeringen in vaste activa in het BBP van Puerto Rico was 16,2% in de jaren 1990, stond op de 172e plaats in de wereld, en was vergelijkbaar met Bermuda (16,2%), Pakistan (16,1%), Fiji (16,4%).

De investeringen in vaste activa per hoofd in Puerto Rico was $1.962,0 in de jaren 1990s, stond op de 55e plaats in de wereld. De bruto-investeringen in vaste activa per hoofd in Puerto Rico was 65,7% hoger dan de investeringen in vaste activa per hoofd van de bevolking in de wereld ($1.183,8), en was 27,2% lager dan de investeringen in vaste activa per hoofd van de bevolking in Amerika ($1.183,8).

De groei van de investeringen in vaste activa in Puerto Rico bedroeg 7.5% in de jaren 1990, stond op de 30e plaats in de wereld. De groei van de investeringen in vaste activa in Puerto Rico (7,5%) was groter dan de groei van de investeringen in vaste activa in de wereld (2,8%), was groter dan de groei van de investeringen in vaste activa in Amerika (4,4%).

Vergelijking met buren. De bruto-investeringen in vaste activa van Puerto Rico was groter dan in de Dominicaanse Republiek (US$3,1 miljard), in de Britse Maagdeneilanden (US$101,3 miljoen) en in Anguilla (US$32,4 miljoen). De investeringen in vaste activa per hoofd in Puerto Rico was groter dan in de Dominicaanse Republiek (US$396,3); maar minder dan in de Britse Maagdeneilanden (US$5,3 duizend) en in Anguilla (US$3,3 duizend). De groei van de investeringen in vaste activa in Puerto Rico was groter dan in Anguilla (7,0%) en in de Dominicaanse Republiek (6,6%); maar minder dan in de Britse Maagdeneilanden (18,7%).

Vergelijking met leiders. De bruto-investeringen in vaste activa van Puerto Rico was minder dan in de Verenigde Staten (US$1,6 biljoen), in Japan (US$1,3 biljoen), in Duitsland (US$520,7 miljard), in Frankrijk (US$299,3 miljard) en in het Verenigd Koninkrijk (US$250,0 miljard). De investeringen in vaste activa per hoofd in Puerto Rico was minder dan in Japan (US$10,4 duizend), in Duitsland (US$6,5 duizend), in de Verenigde Staten (US$6,1 duizend), in Frankrijk (US$5,0 duizend) en in het Verenigd Koninkrijk (US$4,3 duizend). De groei van de investeringen in vaste activa in Puerto Rico was groter dan in de Verenigde Staten (4,8%), in Duitsland (2,4%), in het Verenigd Koninkrijk (1,7%), in Frankrijk (1,5%) en in Japan (0,18%).

de jaren 2000

De investeringen in vaste activa van Puerto Rico bedroeg in de jaren 2000 US$11,4 miljard per jaar, stond op de 63e plaats in de wereld, en was vergelijkbaar met Angola (US$11,4 miljard). Het aandeel in de wereld was 0,10%, en 0,32% in Amerika.

Het aandeel van de investeringen in vaste activa in het BBP van Puerto Rico was 14,1% in de jaren 2000, stond op de 193e plaats in de wereld, en was vergelijkbaar met de Comoren (14,1%), de Cookeilanden (14,0%).

De investeringen in vaste activa per hoofd in Puerto Rico was $3.142,2 in de jaren 2000s, stond op de 60e plaats in de wereld, en was vergelijkbaar met Estland (US$3,2 duizend), Malta (US$3,2 duizend). De bruto-investeringen in vaste activa per hoofd in Puerto Rico was 85,9% hoger dan de investeringen in vaste activa per hoofd van de bevolking in de wereld ($1.690,7), en was 23,0% lager dan de investeringen in vaste activa per hoofd van de bevolking in Amerika ($1.690,7).

De groei van de investeringen in vaste activa in Puerto Rico bedroeg -2.8% in de jaren 2000, stond op de 201e plaats in de wereld, en was vergelijkbaar met Palestina (-2,8%). De groei van de investeringen in vaste activa in Puerto Rico (-2,8%) was minder dan de groei van de investeringen in vaste activa in de wereld (3,5%), was minder dan de groei van de investeringen in vaste activa in Amerika (1,3%).

Vergelijking met buren. De investeringen in vaste activa van Puerto Rico was groter dan in de Dominicaanse Republiek (US$8,1 miljard), in de Britse Maagdeneilanden (US$232,9 miljoen) en in Anguilla (US$92,2 miljoen). De bruto-investeringen in vaste activa per hoofd in Puerto Rico was groter dan in de Dominicaanse Republiek (US$898,5); maar minder dan in de Britse Maagdeneilanden (US$10,1 duizend) en in Anguilla (US$7,5 duizend). De groei van de investeringen in vaste activa in Puerto Rico was minder dan in de Dominicaanse Republiek (2,3%), in Anguilla (0,79%) en in de Britse Maagdeneilanden (0,72%).

Vergelijking met leiders. De bruto-investeringen in vaste activa van Puerto Rico was minder dan in de Verenigde Staten (US$2,8 biljoen), in Japan (US$1,2 biljoen), in China (US$1,0 biljoen), in Duitsland (US$557,7 miljard) en in Frankrijk (US$463,9 miljard). De investeringen in vaste activa per hoofd in Puerto Rico was groter dan in China (US$782,2); maar minder dan in de Verenigde Staten (US$9,4 duizend), in Japan (US$9,0 duizend), in Frankrijk (US$7,4 duizend) en in Duitsland (US$6,9 duizend). De groei van de investeringen in vaste activa in Puerto Rico was minder dan in China (13,4%), in Frankrijk (1,6%), in de Verenigde Staten (0,43%), in Duitsland (-0,56%) en in Japan (-2,0%).

de jaren 2010

De bruto-investeringen in vaste activa van Puerto Rico bedroeg in de jaren 2010 US$10,4 miljard per jaar, stond op de 82e plaats in de wereld, en was vergelijkbaar met Uruguay (US$10,3 miljard). Het aandeel in de wereld was 0,054%, en 0,20% in Amerika.

Het aandeel van de investeringen in vaste activa in het BBP van Puerto Rico was 10,2% in de jaren 2010, stond op de 206e plaats in de wereld.

De bruto-investeringen in vaste activa per hoofd in Puerto Rico was $3.115,0 in de jaren 2010s, stond op de 70e plaats in de wereld, en was vergelijkbaar met de Maldiven (US$3,1 duizend), Turkije (US$3,1 duizend), Hongarije (US$3,2 duizend). De bruto-investeringen in vaste activa per hoofd in Puerto Rico was 18,8% hoger dan de investeringen in vaste activa per hoofd van de bevolking in de wereld ($2.621,1), en was 41,1% lager dan de investeringen in vaste activa per hoofd van de bevolking in Amerika ($2.621,1).

De groei van de investeringen in vaste activa in Puerto Rico bedroeg 3.8% in de jaren 2010, stond op de 89e plaats in de wereld, en was vergelijkbaar met de Kaaimaneilanden (3,8%), Thailand (3,8%), de Verenigde Staten (3,8%). De groei van de investeringen in vaste activa in Puerto Rico (3,8%) was minder dan de groei van de investeringen in vaste activa in de wereld (4,1%), was groter dan de groei van de investeringen in vaste activa in Amerika (2,9%).

Vergelijking met buren. De investeringen in vaste activa van Puerto Rico was 38,3 keer groter dan in de Britse Maagdeneilanden (US$271,7 miljoen) en 144,1 keer groter dan in Anguilla (US$72,3 miljoen); maar 38,9% minder dan in de Dominicaanse Republiek (US$17,0 miljard). De bruto-investeringen in vaste activa per hoofd in Puerto Rico was 86,9% groter dan in de Dominicaanse Republiek (US$1.666,7); maar 3,0 keer minder dan in de Britse Maagdeneilanden (US$9,4 duizend) en 38,9% minder dan in Anguilla (US$5,1 duizend). De groei van de investeringen in vaste activa in Puerto Rico was groter dan in de Britse Maagdeneilanden (1,5%) en in Anguilla (-3,9%); maar minder dan in de Dominicaanse Republiek (7,1%).

Vergelijking met leiders. De bruto-investeringen in vaste activa van Puerto Rico was 434,2 keer minder dan in China (US$4,5 biljoen), 345,6 keer minder dan in de Verenigde Staten (US$3,6 biljoen), 116,2 keer minder dan in Japan (US$1,2 biljoen), 72,3 keer minder dan in Duitsland (US$752,5 miljard) en 66,9 keer minder dan in India (US$696,8 miljard). De bruto-investeringen in vaste activa per hoofd in Puerto Rico was 5,8 keer groter dan in India (US$535,2); maar 3,6 keer minder dan in de Verenigde Staten (US$11,3 duizend), 3,0 keer minder dan in Japan (US$9,5 duizend), 3,0 keer minder dan in Duitsland (US$9,2 duizend) en 3,4% minder dan in China (US$3,2 duizend). De groei van de investeringen in vaste activa in Puerto Rico was groter dan in Duitsland (2,8%) en in Japan (1,8%); maar minder dan in China (8,0%), in India (5,8%) en in de Verenigde Staten (3,8%).